願你，永恆少年

深愛過，
才懂得被世界遺落的孤獨

哈理斯 Harris（蘇俊濠）——著

MAY YOU BE
AN ETERNAL ADOLESCENT

願你，永恆少年

大音希聲

劉佳昌
臺灣精神分析學會前理事長、台北市立聯合醫院松德院區一般精神科主治醫師、思想起心理治療中心督導

蘇俊濠人如其名——青年才俊、少年英豪。

初識蘇俊濠，是在思想起心理治療中心每週例行的臨床團隊會議上，那時他是碩二的兼職實習生。思想起是台北市立聯合醫院松德院區底下的一個心理治療中心，以訓練精神分析取向心理治療師為職志，每位受訓學員都會歸屬於三個臨床團隊其中之一。團隊會議每週固定進行個案討論，多年來我一直負責主持週二的團隊。

印象中，俊濠在個案討論中起初多半沉靜寡言，一旦發言，卻頗有見地，也常引用理論來闡述他對個案的看法，反映他對精神分析理論涉獵之廣博。他的國語帶有獨特口音，後

來才知道原來他是澳門人，大學起隻身來台求學。從同事處得知他年紀輕輕就在臉書開了個人的精神分析專頁，並且勤奮創作、書寫不輟，展現的雄心壯志，又讓人對這個乍看之下弱不禁風的白面書生感到好奇又佩服。

離開校園以後，俊濠決定留在台灣展開他的諮商心理師專業生涯，並且繼續耕耘他衷情的精神分析。這本書可說是他碩士畢業後的第一份成果，我樂意為他寫序推薦。

首先值得一提的是本書獨特的形式，頭尾兩章大量的理論論述，夾在中間的是兩章共十四篇的案例及引申的聯想和思索。俊濠從小學習音樂，大學也是音樂和心理諮商與輔導雙主修，不知本書結構是否暗合交響曲的四個樂章？作者的音樂素養確令本書增色不少，從傳奇女高音令人低迴的名演，到當前的華語流行歌，作者皆能信手拈來，對個案的心理，或精神分析理論，畫龍點睛。

但這不是一本輕薄短小的輕鬆閒書。如果書寫是一種「症狀」，這名少年可「病」得不輕。少年本著極大的誠意仔細述說，關於孤獨和反抗。這不是一目了然的閱讀，除非熟悉精神分析理論，大家須要費相當大的工夫來克服作者旁徵博引的厚重理論，方能對作者的論述有基本的掌握。作者的見解能不能說服你，留待大家自行驗證。

對我而言，對孤獨做出反抗，是濃縮而曖昧的說法。精神分析探究的主角是潛意識，當我們說個案的問題是孤獨及反抗，我會想問那是在揣摩潛意識的歷程嗎？是誰的孤獨？誰在反抗？而當我們從許多個別個案而歸結出少年孤寂，站在理論角度，我也會想知道這是在說正常的發展階段，還是特殊的病理現象？當然，如果不去追問這種「科學」問題，而是側重在描摹一種橫跨在許多不同個案類型之間的普遍內心現象或臨床感覺，則本書確實打開一扇窗子，向大家展示這個視角下看到的心靈風景。

誠如作者所說，情感沒有世界語，事實上，精神活動都可謂沒有世界語，但這並不能阻止個案說話的驅力，也不妨礙治療師聆聽的企圖。個案的話語像是黑夜海上畫過天際的一道閃光，指引出他心智的所在，語言只是信號彈，並不等於心智本身，但沒有語言，則連線索也無。臨床精神分析，個案說話，分析師努力聽懂話語底下的意義。反觀精神分析理論，可謂異曲同工，再有系統的理論，也只是路標，引導我們去發現名詞術語背後的意義。精神分析的述說和聆聽因此是個不斷尋找又不斷更新的過程，一切的追尋可說是意圖還原推動個案表述的最初原因。

那麼，作者寫這本書的最初原因又是什麼呢？我並不知道答案，但覺得這是有趣的謎題。以孤獨和反抗作為主軸來統攝眾多臨床觀察乃至社會現象，是作者選定的獨特視角，也可以說是作者選擇的信號彈。果真如此，大家願意一起去尋找他嗎？

作者舉了許多臨床案例的片段，作為主要論點的臨床基礎。然而看起來作者寫作的企圖心是更大的，相較於案例描述的有限內容，作者的思辯和推論似乎才是重頭戲。更有甚者，在對孤獨和反抗做了「基礎建設」之後，他又進一步挑戰永恆少年的主題。彷彿作者胸中有太多的熱情和想法，迫不及待地想對大家做一次和盤托出。儘管這些都加添了這本書的難度，然而最後一章作者對小王子的閱讀，細膩溫柔，委宛動人，作者為永恆少年發聲的苦心，溢於言表。

臨床個案、心理困擾、精神分析、乃至人生，都還有數不盡的謎題等待有心人去探究和解開。俊濠勤奮進取，後勢可期。這是一本濃稠的書，一篇短序實難添加什麼滋味。大音希聲，這些深邃的樂章，等待知音聆聽。

最後，由於本書內容之獨特屬性，大家在閱讀時應有適當的態度，作者本身在其閱讀指南裡對大家已有詳細的提醒，我對這部分完全贊成。

願你，永恆少年

導言

第一部分 孤獨

第二部分

反抗

第三部分 願你，永恆少年

獻給在天國的嫲嫲與婆婆

作者序

願你，永恆少年

親愛的大家，謝謝你們願意翻開我這本盛載諮商日常與精神分析思考的首部作品。

精神分析作為一門深度心理學或後設心理學，其學問實在不易吸收，吸收後仍有一大段路才叫理解，理解又不等同懂得應用，應用的經驗與挫折，卻回頭修正我們的吸收方式、理解層次、應用深廣……它的難，我知道，所以二〇一六年的時候，我才要在臉書設立「哈理斯的精神分析躺椅」專頁，堅持每週產出一篇文章來自我磨練。回望當年那些生硬又艱澀的文字，到底是怎樣被翻譯或論述的？我亦不得而知了！在此，僅讓我感謝那些不嫌關注的讀者。

我常說自己做過最無悔的決定，便是到台灣升學，否則也不會遇上從一開始便有感於心的精神分析學，並從許多可敬的前輩們身上得到我有深入心理治療及精神分析潛力的窩心鼓舞。於台北市立聯合醫院松德院區思想起心理治療中心接受實習與臨床訓練的三年間（二〇一七至二〇二〇），我把從個案及督導身上學習的，融和至閱讀與思考裡，亦默默打開了投稿到「女人迷」的契機。而後，跟「方格子」和「媽咪拜」等平台合作，為不同出版社的作家或書籍作推薦與書評，以及與「時報文化」攜手，讓本書能夠出版。

佛洛伊德創立的精神分析，在心理學界無疑已退流行，且無論在國內、外的心理諮商與治療圈，由於其理論的複雜和訓練的艱難，乃至地方學會運作與學派間的差異，使其未來應用持續被唱淡。然而，我始終以至誠的體會及臨床經驗，肯定精神分析相對其他心理治療學派，是一道瞭解人類心靈最幽暗處的柔和星光。若有一天它成為被掩埋的寶藏，也願我是踏上路途去尋找，把它帶回來的那位流浪者。因此，這樣的一本非主流的心理學書居然能夠在時報出版，必要感謝找上我的王衣卉主編，她對我文字的信任與欣賞，在一杯咖啡的歡愉裡，我們便敲定書的主軸：少年、城市與孤獨。

當然，出版也帶來不少壓力，但有幾位敬佩且相熟的恩師（無比榮幸，當中的劉佳昌醫師為本書寫序）總是鼓勵我莫問年輕，而只管好好書寫！身為一位異鄉人，我還要感恩在台灣生活近十年來，一路上投契互助的良師益友，因著他們，我那心中永恆的異質、嘴邊的口音，才被這第二個家所涵容。感謝澳門的家人朋友，在這極度不容易、彼此都失去了太多太多的肺炎年間，仍有你們在遠方為我加油。最後，擁抱自己，這是我在二〇二〇年年底，二十七歲時（現在二十八了，不知道出版時又是幾歲了）大致完成的首部作品。儘管本書主要反映一名諮商心理師在他實習階段的一些想法，但願它仍會讓你對精神分析的思維與心理治療本身，產生「這麼清晰與有理」同時又「那麼深邃與浩瀚」的冬日和煦感受。

本書的部分內容，有挑選自二〇一八下半年至二〇二〇年上半年期間我投稿至「女人迷」平台的幾篇文章，但我並非純粹把文章輯錄成書，好向你們呈現「那個時期的我」，而是選擇走一條把文章拆散與連結、改組與重寫的苦路，最終凝結成「孤獨」與「反抗」兩大主題，各有七篇不短也不長的散文。

為自己找麻煩的原因，在於我認為唯有經歷解構與重組，消化過的才是作者對一門學問的真實了悟、掌握、風格。另外，文字有它現身的時空與脈絡，而書寫的態度與語氣，亦必然跟當時我想透過網路對話的對象、欲凸顯的訊息、以及身處的社會背景有關。文字工作者，自有「文字」的責任！說到底，我大概是無法忍受自己重覆的敘說——重覆的只會是潛意識的迴音——，而即便是同樣的事物，就像是諮商室個案說過千百遍的故事，若我們相信治療會帶來「療效」、個案會隨時間「改變」、潛意識在每一個當下有著不同的「意圖」與「意義」，那麼，每一次的敘說間總有差異。只要堅持敘說，人便如同四季交替，但每一輪年月，朝生的嫩芽或暮死的落葉，皆從未如一，一切在自然中變遷與昇華。

相對於網路文章，我本身其實頗為「學術」的精神分析研究面向，將栽種出本書的導言（被世界遺落的孤獨、中西文化對孤獨的體驗、少年孤寂的問題）與末章（情感理論、精神分析師對孤獨的論述、榮格學派對《小王子》的詮釋及我的再詮釋、延伸的治療構想），彷佛是一個較為理論的容器，懷抱著中間十四篇相對「日常」的文字。然而，我試圖不側重「日常」與「學術」任何一方，卻要在兩者之間找尋一種有待命名的非雞湯風格——對此，我必須向大家致歉，因為我的生活是如此的世俗難耐，但我的思考又是如此的擇善固執，所以，若這裡近十四萬的文字無法使你有感於心，則全然是我的不才所致。只願在不同的時代與地域、文化與脈絡交織下，我能藉文字表達出心中的感動，若讀者感受得到，便已無憾。

上述的話，主要是說給過去就從網路、學校或實務工作中認識我的大家聽的，好使他們指正我的沉悶，或重新看見新意而被逗趣。而若你是首次認識我，那是最好的！因為我將盡自己身為少年的責任去敘說與反抗，即實現真我的過程；而你的工作，便是在我的文字裡，負起找到真我的責任，並為你的生命密謀新的敘說與反抗。

若要給出什麼閱讀指南，大概有三種：我會建議偏好故事的大家，先看「孤獨」和「反抗」兩章的散文，再回來看始末兩章；至於衝著理論與治療技術的求知欲與《小王子》分析而來的大家，則可以先唸始末兩章，再唸中間的，但可能會有種難言的斷裂感。而作者我認為順著全書走，同時打開手機或電腦，播放我不時在文中提及的歌曲，或在我提及什麼電影、動畫、詩集時一起配著唸，大概是最優雅的讀法。

最後，在分享我心中的精神分析經驗前，有三點大家可注意的善意提醒：(1)即便已得到個案同意，但相關內容仍會按倫理規範作扭曲處理；(2)由於探索的是潛意識層面，因此除了不應與意識的理解相混淆，我對現象描述並作出詮釋時，不管貌似多合理，亦不可能是事實全部，它只反映了精神分析的觀點與技藝、我的個人思考、階段性的真相；(3)再淺易的詮釋，也是按個案的脈絡而定，因此當大家試著為己所用或套入他人作理解時，必須謹慎對精神分析理論的淡化或誤用。

因為疫情的影響，原定的出版日期都得延後，只願本書來到大家手上之際，台灣與世界都已經走出苦難，迎來生機。不善言辭的我，僅希望你們喜歡這部作品，一起前往細聽夜空中的笑聲、寧靜、音樂。

哈理斯（蘇俊濠）

於諮商室的辦公桌前

二〇二一年七月

導言

我被自己曾蹉跎了不少歲月的世界所遺落，
久未聞聽我的音訊，也許它認為我已逝去，
然而，我毫不在乎它是否該如此認為，
但亦無可辯駁，因我確實對世界心死，
我已死於動盪的塵世，休憩於寧靜的國度，
獨自處身於我自己的天堂、愛情、歌聲裡。

作曲家馬勒（Gustav Mahler, 1860-1911）曾引用德國詩人 Friedrich Rückert（1788-1866）的詩作，譜成了一組五首的《呂克特之歌》（Rückert-Lieder），當中第三首的〈我被世界遺落〉（Ich bin der welt abhanden gekommen，1901），也許是人世間最美的聲樂作品之一。雖然無法於書中播放音樂，但我對比了不同的中譯及英譯歌詞，最後決定以自己的理解與感受來自由翻譯[1]：

我被自己曾蹉跎了不少歲月的世界所遺落，
久未聞聽我的音訊，也許它認為我已逝去，
然而，我毫不在乎它是否該如此認為，
但亦無可辯駁，因我確實對世界心死，
我已死於動盪的塵世，休憩於寧靜的國度，
獨自處身於我自己的天堂、愛情、歌聲裡。

是怎樣的人，才會認為自己被世界所遺落或遺棄呢？並非抽離、俗脫、出塵的人，而是人與世界對彼此而言都已然死去之下，一種實實在在的「孤獨者」。這位居於世上的孤獨者，多少已經放棄痛苦的掙扎，他對重新與世人連結感到心灰意冷，世界於他眼角的光影亦不過是失望本身。

他曾因此自殺嗎？自殺是對所有一切最無助的逃逸，一如一位憂鬱症的男士曾告訴我：「即便自殺的結果就是靈魂被流放到地獄，每天受盡魔鬼折磨，也總比在人間一天所受的精神折磨來得好！」如果他自殺了，那歌詞中的寧靜國度與天堂，就是一種自孤獨（**loneliness**）的苦楚中，最無奈的解脫。

1會德文的讀者，不妨直接閱讀原文（OxfordLieder, 2020）：

Ich bin der Welt abhanden gekommen,
Mit der ich sonst viele Zeit verdorben,
Sie hat so lange nichts von mir vernommen,
Sie mag wohl glauben, ich sei gestorben!
Es ist mir auch gar nichts daran gelegen,
Ob sie mich für gestorben hält,
Ich kann auch gar nichts sagen dagegen,
Denn wirklich bin ich gestorben der Welt.
Ich bin gestorben dem Weltgetümmel,
Und ruh' in einem stillen Gebiet!
Ich leb' allein in meinem Himmel,
In meinem Lieben, in meinem Lied!

如果孤獨者沒有自殺，甚至作出了轉化，那最終他的狀態，會像是傳奇女高音 Jessye Norman 在一九八九至一九九〇年的樂季跟指揮家 Zubin Mehta 及紐約愛樂（New York Philharmonic）合作而演唱此曲時，在結尾以肅穆的目送，同時又平靜地接受自身命運的眼神，讓人無法區分她眼中的淚光到底是一股油然而生的哀慟，還是一絲靈魂深處的喜悅？

——那麼，歌詞所代表的就是一次「反抗」（revolt）！

孤獨者以藝術、愛、音樂來反抗，並回顧了自己的人生，接納了生命的孤獨：他不再是孤獨的人，而是孤獨本身，或是以獨處（solitude）之姿，對作為某種生命質地的孤獨，獻上昇華的「孤獨我」（lonelinesself，筆者創）。

但願後文我對想要細說的「孤獨」與「反抗」，確實有幾分值得言傳的體會。

0-1

我被世界所遺落

在過往我們對人生的認知裡，年少總是不經事，但懷抱熱情與理想，並以此摸索、奮鬥、徘徊於體制邊緣至壯年，這時候便應該與世俗事務作出妥協與社會化，保有穩定的原則，亦不再自我疑惑。隨後，也許是經歷過「中年危機」，我們理應破舊立新，對自己產生新認知與瞭解，多少看清了自己的命運，以及可以如何努力，貢獻餘生，成為他人眼中值得敬仰的前輩。如此，再活個幾十年，我們彷彿越來越懂得「做自己」為何物，他人再多的意見與指點，都不太會動搖內心的信念，人們有自己的終極任務，再不執行就得後悔。最後，晚年的理想狀態是一位不管好壞，皆能順應自然、不強求、在規範與能力之內做著所希望完成的，哪管是繼續耕耘，抑或是歸園田居，都是達至某種自我整合的智慧老人形象。

我是學習與研究精神分析的諮商心理師，當然也用此眼光來檢視自己與所身處的世界。

當孔子提出：「吾十有五而志於學，三十而立，四十而不惑，五十而知天命，六十而耳順，七十而從心所欲，不逾矩。」的時候，我先抱有一個疑問：這個生命周期或流程的理想狀態，會是為了防衛及抵擋怎麼的「不理想」而建立的嗎？是某種失敗、活著的無意義嗎？不幸與悲劇？還是單純對於社會規範底下，人們會歸屬「適應良好／不良」的理想解方？否則，孔子怎麼會始於「學」，又止於「不逾矩」？

簡言之，我假設這是為免「被世界遺落」的一種適應性防衛，是一套人們對智慧老人的生活構想。就且看於本書結束時，我們會得到怎樣的結論吧！

若按照精神分析一百多年來對人類心靈的發現，孤獨感，實在是生命的一種本質，每個人都會有被世界所遺落的孤獨，為之所苦。

也許在極幸運的一端，人們從小成長於經濟充裕、教養良好的家庭中，達至心理情緒的成熟（emotional maturity），在往後的人生有各種親朋好友的支持與陪伴，過著幸福順遂的日子，使得他（她）無需去直面這種生命質地所帶來的困擾。即便有所困擾，亦不過是某些情境下的偶然，處理過後便平安無事，回到安逸的世界懷抱裡。

而在極不幸的一端，也許人們作為窮困的孤兒，只是在社福機構被「餵食長大」，或是政治創傷者，或被拐帶走去作犯法的童工與性工作者，使其從出生起就活於無家的孤寂氛圍裡。另一種不幸，是人們活於家庭裡，但主要照顧者常常以情感疏離、言語或肢體上的攻擊及虐待、遊離的關係來對待他，甚至是家族內的性侵創傷，使得那個早早栽植於孩子心裡的，是自我厭惡、疏離、情感混亂的憂鬱種子。這不禁讓人想到一位憂鬱而情感缺席的母親，存在卻似死般待在嬰兒身旁，一如表現主義畫家 Egon Schiele（1890-1918）在其二十歲時創作的〈死亡母親〉（Dead mother, 1910）一般。

其餘大部分的人們，則分布在兩個極端之間，對孤獨感有不同的體會與反應；或是用臨床的說法，就是因著不同層面與程度的成長缺陷及心理防衛機轉，在生命的諸種際遇、社會體制之下，受苦於各式各樣的心理困擾。

也許透過穿上別人的鞋子，便可以嘗試體驗他人所經驗的，但我們那雙腿永遠不是他的那一雙，你的痛苦也主觀地不同於他的痛苦。作為人類，我們確實有許多共通點，偉大或平凡的，生物或心理或社會的，通過同理心或所謂鏡像神經元（mirror neuron）來「感同身受」。然而，在本質上，或是在最通俗的意義上，我仍然只能是我，我們彼此孤獨地活於主觀的世界裡。

如果孤獨感是一條教人載沉載浮的生命長河，那我們必然或多或少地向世界花費了大半生的光陰，好買來一艘載滿歸屬與親密的保險船艦，如及早結婚、開枝散葉、養兒防老。只可惜，從「志於學」以後投身社會，往往忙碌了大半輩子，人們才漸漸認清自己「果真是孤獨地活著！」，伴侶間不一定再有柔情、子女不可能常伴左右、金錢也不代表幸福、再大的房子也可能僅能獨守……如此，人們開始試著以哲學與宗教信仰來面對，就像許多中老年人士（也許年輕時是位無神論者）開始求助宗教，想深入佛教或基督宗教的意義中，或是在西方學問裡求問蘇格拉底關於獲得幸福的生活哲學。

而那個答案往往是「啊！如果我年輕的時候……」、「若是可以回到少年時……」、「早應該在青春的日子裡……」之類的緬懷與懊悔，或者是轉向告誡今天的青少年「不要虛耗光陰！及早計畫人生志向！不要像我當年……」和「為免老來孤獨，你們應該從現在開始就……」。

彷彿自晚年回頭一看，一切都是從青少年那輕狂的日子開始計算，人生才有了某種命定——不可否認，即便很多孤獨感的折磨和童年的身心創傷，在幼孩時期已經有跡可尋，值得及早處遇，然而，許多困擾又往往是到了青少年階段，也就是佛洛伊德（Sigmund

Freud）所說的原欲（libido）第二個高峰階段起，才逐步浮現、變異、被人們主觀地覺察到，而說出一句：「我好像哪裡怪怪的！」

比較兩幅生命全景圖：孔子沒談的關係面

現在，我要先繞道介紹一下美國精神分析師艾瑞克森（E. H. Erikson, 1920-1994）所提出的心理——社會（psycho-social）任務，即由八個階段任務組成的生命週期。我將按「階段年齡（主要環境），適應性的因應↓優勢能力」按順序列出當中的重點（Erikson, 1956, 1959, 1986）：

①生命頭一年半（母親），信任感↓希望與信念
②一歲半至三歲（父母），自主↓意志與決心
③三歲至五歲（家庭），主動↓目的與勇氣
④六歲至十一歲（學校），勤勉↓勝任感
⑤十二至十八歲（校內外團體），自我認同↓忠實
⑥十九至三十五歲（社交環境），親密↓愛

⑦三十六至五十五歲（工作環境），產能↓關心

⑧五十五歲以後（個人），整合↓智慧

在美國作育英才的艾瑞克森以精神分析理論開拓的生命全景圖，很值得與桃李滿天下的孔子所提出的階段作比對思考。

若以孔子「吾十有五而志於學，三十而立，四十而不惑，五十而知天命，六十而耳順，七十而從心所欲，不逾矩。」當中的年歲與任務來看，十來歲的「志於學」可對應於「**④勤勉**」並延續至「**⑤自我認同**」，同時，「三十而立」的「立」雖然在年齡上應劃分至下個階段，但在任務性質上還是屬於一種「**⑤自我認同**」。

在孔子身上，我找不到能對應於「**⑥親密**」的任務，因此延續的「立」與「四十而不惑」的「不惑」，乃至「五十而知天命」，都對應於「**⑦產能**」。最後，那些還未完成的「知天命」、「六十而耳順」及「七十而從心所欲」，在性質上都可含納於「**⑧整合**」之任務階段裡。

在此對比中，我瞥見兩個有趣的現象——

首先，孔子的階段直接從今天我們的小學或中學開始，而第一個任務就是對知識、技能、德修的「學」，彷彿生命早期的家庭教養經驗，沒有多少值得詳述的地位。

再者，從「志於學↓不逾矩」，彷彿人生的始與終，都只跟「社會上的成就與修為」有關，而事實上，中間的「立、不惑、知天命、耳順」亦確實如此，沒有一項跟「人際與情感關係」有關。甚至可以說，那是對關係的忽略，人只要在不逾矩中從心所欲，便足矣！

我們先談第一個瞥見，即孔子對生命早期的家庭教養經驗的忽略。華人文化允許了我們一邊唸著「母慈子孝」，卻一邊主張「慈母多敗兒」，前者描繪了理想的家庭樣貌，後者則告訴我們孩子若要「高成就」，母親不可仁慈，父親更須嚴厲；如此，他日學有所成，達到升官發財的目標時，孩子就自然會衣錦還鄉，感激與孝敬父母。乃至今天，我們也不時聽到「要長大後好看，就要從小說他長得醜」或「要孩子有成就，就要刻意多說鄰居的孩子更好，讓他一直被比下去才不會驕傲！」等的「中式育兒哲理」，我認為這反映了「怎樣教養↓心理問題↓影響孩子心理健康與未來成就」的問題，長久以來未得到華人社會的關注。所謂的育兒哲理，也只是父母為了孩子未來的成就，卻往往自相矛盾的高壓手段。因此，千百年來，華人都秉持「萬般皆下品，唯有讀書高」的成就取向傳統，孔子對早年家庭經驗的零刻劃，也許亦反映了這種價值觀。

至於第二個瞥見，其實是第一點的延續。即便「三十而立」常被理解為「男兒三十，成家立業」，但成家只是為了完成社會繁衍後代的要求、讓長輩抱孫子的傳宗接代任務，這跟「⑥親密」的關係毫不相干。因此，孔子這個生命周期的理想狀態，在各年齡層都完美地錯開了「人際與情感關係」的面向——而且要記得，孔子的生命設想只跟男性有關，作為「關係、親和、連結」代表的女生，從來不在名列之內，她們無需知天命，只需知道有沒有嫁給好相公，而嫁雞隨雞、嫁狗隨狗的她們也絕少能從心所欲。

當然，我必須要強調在西方社會，如何教養孩子以及孩子成長的心理健康，也是近百年才被慎重關注，而且在不同學說的吹拂下也是各說各話！你能想像在十九世紀末，人們還普遍認為小孩什麼都不懂、不會記得，所以成年人往往直接在嬰兒床旁邊上演交合戲碼讓小孩欣賞？這造成了佛洛伊德所說的「原初場景」（**primal scene**）幻想、兒童的性欲過早被激發、後期事件相對應的創傷引爆，引致早期的精神官能症。

那些尤關成長、親密、關係、心理健康的生命向度，在西方的心理學發展中也仍然在持續瞭解，因此當我把艾瑞克森與孔子作對比時，絕不是要把後者比下去，這毫不公平！他們差了兩千五百年！我的目的只是為了凸顯生命周期與階段任務中的心理學層面。

按照學者 **Blatt** 與 **Shichman**（**1983**）一篇極之重要的研究，他們在艾瑞克森版本中的第③

與④之間，補充了一個發生於四至六歲之間的「相互／疏遠」（mutuality VS. alienation）階段，並把一共九個階段分配至兩個精神生命的面向：「關係性」（relatedness）與「自我定義」（self-definition）。

艾瑞克森的「**①信任感**」是以母嬰關係作為精神生命的基礎，如果我們有幸於此階段建立起穩固的基本信任關係，那小孩在隨後的階段便能夠更有效地樹立其「**②自主**」和「**③主動**」。這一組三個（①關係＋②—③自我定義）的童年成就，使得小孩能夠健康地從家庭過渡至學校，跟新環境及他人互動，在此「④相互」的關係基礎上，他能夠於中小學階段追求「**⑤勤勉**」與「**⑥自我認同**」的自我定義面向。最後，無論是繼續升學還是踏進社會，青少年的階段成就都會助益其尋求親密關係的能力，使其在「**⑦愛**」的基礎上，進一步完成「**⑧產能**」的定義方式，並以過去所有階段中的資源去作出生命的「**⑨整合**」。

換言之，自我定義中有著關係的滋潤，而良好的關係性又助益於自我定義的發展成就。兩者就像彈奏鋼琴時的一雙手，一起交織了生命的樂章。我試著用圖表來表達：

從艾瑞克森的架構回到對孔子的疑問：「他的生命構想，是為了防衛及抵擋怎麼的『不理想』而建立的？」我認為在整個不重視童年成長（卻極度重視「孝」）對心理影響力的文化中，「學、立、不惑、知天命、耳順、從心所欲」，某程度編織著一種對孤獨的適應

年齡（歲）	Blatt與Shichman：精神生命的面向	艾瑞克森：適應性的因應	孔子：君子的人生任務
0-1.5	關係性一	信任感	／
1.5-3	自我定義一	自主	／
3.5		主動	／
4-6	關係性二	相互	／
6-11	自我定義二	勤勉	吾十有五而志於學
12-18		自我認同	吾十有五而志於學（續） 三十而立
19-35	關係性三	愛	／
36-55	自我定義三	產能	三十而立（續） 四十而不惑 五十而知天命
>55		整合	五十而知天命（續） 六十而耳順 七十而從心所欲，不逾矩

性防衛，讓「被世界所遺落」一事排除於意識的生命周期理想版本之外。

是否有著幸福快樂的童年，絕少是過去華人所關心的。我想像，孔子在老年提出這名句時，如果他是缺乏早期親密關係、又確實不被當時的君主賞識，其構想就更凸顯一套排拒孤獨、身在孤獨而不自知的理想防衛解方，一如某些一輩子只著眼於社會成就的工作狂，也往往是名利雙收的男士一樣。若是他有著幸福的家庭與人際關係，他便順著關係性的滋養（桃李滿天下的他也許真的並不孤單）而無需像其他不幸的人般要面對生命的孤獨，所以孔子——他與理想自我

（ideal ego）的關係，是幸運地有效與成功的——才有這種純粹成就取向的生命構想，剛好跟今天艾瑞克森的生命周期中的「關係性」階段，完美地錯開。

我想大家應該已發現這就是我書寫本書的首個動機：先免除了那些個案或日常生活中人們耳提面命或被耳提面命的生命章程與應然樣貌，好對我們文化中「集體潛意識」底層般的孤獨感作召見，讓被世界遺落的每一位，都得到發言與被瞭解的機會。

0-2

孤獨的弦外之音

若把中文與英文同時思考，「孤獨、孤單、寂寞」的狀態大概是「loneliness」，而一般人們說的感到「空虛、寂寞、覺得冷」（出自周星馳主演的電影《九品芝麻官》），其實這一組感受就是用「feeling lonely」這口語化的說法來包辦。

若要強調四周無人的獨處狀態，除了「loneliness」也可以使用「aloneness」一詞，因為此時人是隻身的（alone）。不過隻身一人並不一定感到孤獨，甚至是滿足與享受的，就好比一個人在森林漫步、在琴房練習、到海邊吹風，所以「aloneness」即使強調了物理上的獨自一人狀態，但它不一定與負面或嚴重的痛苦情感經驗有關。意即，人可以單獨／孤單（alone），但並不孤獨（lonely）。

由此可見，「孤」強調的是一種心理上的感受，中文上也可以說，一個人在朋友聚會中並不單獨，但可能心中是十分孤獨的。

有些時候也可以用「solitude」一詞，但它所指的孤單或孤獨，更指涉「獨處」時的「孤寂」感受。在西方，它常用於修道院內跟天主親密接觸，如聖女大德蘭（St. Teresa of Avila）與聖十字若望（St. John of the Cross）這對好朋友所作的靈修式獨處下的孤獨，即此孤獨其實同時是對（神與人之間）關係的渴望與手段，以某種主動的「孤寂」來渴望別種的生命狀態。在此孤寂中的痛苦，在品質上與前述的孤單寂寞的痛苦，是需要再細究與區別的。如此，今天中文所表達的「一個人獨處的孤單」，也許用「孤寂（孤身——寂寞）」一詞比較合適，因為如果獨處不是一種為達到某個目的的手段，那便是漫無目的、無人知曉的孤獨之苦。

另外，我們要如何表達相對中性的「形單隻影」？英文有「to be alone」這個說法，或「獨自一人」（to stay alone）。那「孤僻的人」是「a solitary man」嗎？還是「an aloof guy」比較好？前者彷彿沒有「僻」的意味，後者又把孤僻中的「超然」作過多強調？

我還想到幾個與孤獨感有關的字，如空虛（emptiness）、空洞（hollowness）、百無聊賴（bored to death）、沉悶（boredom）等，也許是比較有精確的中英對應，但進一步思考「曲高和寡」的「寡」，便不是英文中形容「寡婦」時用的「widowed」了！這裡的寡有種只能夠「孤芳自賞」的傲氣，一種失落、無人理解的痛，卻又把這種（孤）高雅（致）之情作出昇華，把難被庸才所理解的苦悶，當做能自我獨享的絕爽（jouissance）。

花了這麼多時間去比對中、英文對「孤獨」一詞及相關表達方式，當然不是在為難彼此，卻是想要釐清語言的複雜，即日常所使用的文字背後的「實際所指」為何！我們如果要試著對「孤獨」作精神分析，就不能強行或隨意把中、英文的孤獨作串連，把差異都磨滅掉（一如我看過一些中國的譯者，把「solitude」和其他上文提及的字詞，在同一篇文章中都隨意翻譯作「孤單／孤獨／獨處」之類的字，使得那些精神分析的譯作幾乎是不可讀的！）相反，我認為要先讓精神分析所照見的孤獨，或西方意義的孤獨鮮明起來，再發現我們的差異（有哪些是能被精神分析承接，有哪些是十分本土而有待被詮釋的），才可以真正對我們這片土地上人們的孤獨作出瞭解。

孤獨的幾個層面或維度

承上，我從一部由多位精神分析師共同撰寫的《與孤獨相遇》專書中，耙梳出孤獨的幾個面向或維度：

(1-1) **持續性**（persistency）：一般按不同情境而演變，即「暫時」或「慢性」的孤獨狀態。

(1-2) 傾向性（tendency）：一般按主體所處的環境性質，即「偶發」或「發展」造成的孤獨傷口。

此二維度切出四個象限，會交互編織出孤獨的大概樣貌。也可以說，在不同情境或環境的轉變下，人們總是以不同的方式、就不同的原因與事件而感到孤獨。再者，是前文寫提及過的：

(2-1) 關係性（relatedness）：強調與重要客體發展出信任、相互、親密的情感關係，失敗的話會造成孤獨和隔絕的心理與防衛。

(2-2) 自我定義（self-definition）：強調從環境或成就中得到自主、認同、生產等的力量，其往往建立在關係性的達成之上。

關係性及自我定義會分別成為生命不同階段的中心。孤獨感一直處身於背景的核心，即「孤獨——渴望（對某種自體感受、理想、功能……完整他人的關係的渴望）」的對反與辯證總是在一起的。而就病理的角度而言：

(3-1) 作為致病因素：孤獨感可以引發妥協的症狀式防衛，是精神官能症或精神病的成因。

(3-2) 作為防衛的適應性功能：如自戀者的孤獨讓其感到自我是最特別的，同時以孤獨來「迴避知道」內在更深層的失落。

有時候我們很難去區分這兩者，好比那些前語言時期的創傷與失落所引發的孤獨，在引發並固著於原始的防衛以後，這個防衛本身一再被成長過程中其他經驗修正，最後在自戀性憂鬱中的孤獨感，已然有了適應的功能，但這種適應又防衛著那古早的創傷，不被分析師看見。另外，還有幾種值得深思的面向：

(4)**主動的及被動的：**前者如為了某種好處而選擇「獨處」下必然的孤獨，後者則多數被外界現實強加的「獨處」（主觀或客觀上）而產生痛苦的孤獨。

(5)**更多的區分：**男性 VS. 女性、異性戀 VS. 同性戀者、無法在心理上自立 VS. 成功獨立於父母……諸如此類的孤獨。

雖然本書未必會一一探索上述所展開的面向或維度，但至少能讓我們對個案帶來的孤獨，感到好奇與謙卑。當某人說「我感到孤獨／寂寞」時，背後指涉的其實有多元的涵意與特性：永恆的無法終止性、絕望、空虛、虛假、隔離、恐懼、沮喪、羞恥、悲傷、憤怒、沉悶、死寂、百無聊賴、厭倦、厭世、失落、失格、失去身分、孤苦伶仃、缺乏認同、強烈地渴望依賴、離散異鄉、困於國土、自傲、自卑、無價值、無意義……甚至是某種意義上的安全依附關係、自愛、獨立、超然、創造的必然歷程。

這些與孤獨感有關的情感星座（**constellation**），一如被個案投影至夜空中的繁星，為地上的心理師指示出「孤獨感」既是人類精神中常見的情感狀態，又是一個個複雜無垠的銀河，有著不同的心理、防衛、病理、適應意義，且瀰漫於生命的種種境況之中。即便每一位病人都感到被世界所遺落，但他們的孤獨都是獨特的星座，有其特定的語言風格。

關掉獨處的美肌光環

有些人會說「孤獨（loneliness）表達著孤單（aloneness）之痛苦，而獨處（solitude）則表達著孤單之榮耀」，藉此強調「獨處」作為一種值得被歌頌的能力。這有一定的道理，然而，我不想太快去肯定這句話，因為這裡有太多我們對於那些高僧、文人、雅士、學者、師傅的美好投射，想像他們必然活出一副泰然自若且從心所欲的「獨處」生活，教這份孤單彷彿自帶光環與美肌效果，讓人嘖嘖稱奇。

我們真的有泰然自若的孤單嗎？即便有，這也絕不會是一種恆定的完美狀態，因為就算是身處光榮中的天主，祂也有三個位格（父、子、聖神），他們得溝通、互動、交流，好讓祂不會時時處處感到只有自己一神的孤單。

那麼，在人類的境況裡，我們更沒有全然享受孤單之情的「境界」——我們常常以為有，除了是一種對「沒有」的理想式投射之外，也在於華人文化裡，從小說裡武功高強的境界，到個人修為、超凡脫俗、道佛宗教的修行，都在強調「境界」——，可是，精神分析裡沒有這回事！那些偉大而被傳頌的精神分析師們，無論他們的強項是在臨床實務、學術研究、還是啟發的思考，都只是某種風格（或被馴服的症狀）的展現而已。無可否認，精神分析曾幻想過一種能夠在治療過程中保持「空白、無所欲、不受自身潛意識與個人價值影響」的「潛意識翻譯機——分析師」，但經過一百年的發展，分析師們理應認清沒有這種「成仙」或「檔次」之類的境界構想。如果有人以此自居，那大概是十分遠離個案經驗的「傲客」吧？

傳記作者可以美化任何人，連佛洛伊德也不外乎，他一般被認為是愛獨處的「潛意識得道者」，但事實上他只是凡人，Fromm（1959）就曾指出佛洛伊德的成長問題，如何塑造了他極度需要被認同的人格，且往往把一段段的人際關係搞砸。另外，今天許多對臨床工作的反思，甚至對其歷史檔案的揭露，都會看到佛洛伊德有些時候甚至連自己提出的治療理論也執行得不怎樣！舉例來說，佛洛伊德曾建議 Angelika 女士要跟金融家丈夫 Bijur 離婚，並改嫁他的學生、她的前分析師、已婚又育有兩子的 Horace Frink（Kramer, 2006）。然而，這個重大建議的判斷點，居然是源於佛洛伊德跟 Frink 進行教學式治療時認為對方有潛在的同性戀傾向而憂鬱，應立即與異性發生滿足的性關係來解除症狀；那合適的人選，當然是跟早已發展出婚外情、又跟先生處不好的 **Angelika** 結婚。所以佛洛伊德要學生 **Frink** 把 **Angelika** 邀來自己的診間做分析，並從中建議她與先生 **Bijur** 離婚，與 **Frink** 結婚。兩人都聽從了佛洛伊德的建議，皆與前伴侶離婚（他們都生氣又無奈），且在一九二三年結婚，又於一九二五年離婚。只可惜直到一九三六年 Frink 去世前，他的憂鬱都從未痊癒，更出現精神病發作而經常住院。

事實上，我們每一個人，都落在「精神病⇅邊緣性人格組織⇅受苦中的精神官能症⇅沒症狀的精神官能症」的光譜上。我們在生命的旅途中，必然在這個光譜上左搖右擺，受各種事件、情境、關係的變化而變化——變化的生命，才是活的！

順著「沒有境界」這個詞，我想起中國有一種叫「慎獨」的境界——取自《中庸》：「莫見乎隱，莫顯乎微，故君子慎其獨也。」——，就是「君子」一個人的行為也會符合倫理，一個人「從心所欲，但永遠不會逾矩」，因為作為君子，不管是人前或人後，都不會讓「非君子」之舉在最細微的舉止中滲漏出來，以毀壞掉作為君子的品性。然而，這難道不是一

種與把整個外在現實內化為內在嚴厲超我（自我道德與良心）的極致表現嗎？

精神分析師溫尼寇特告訴我們（Winnicott, 1958），一個人獨處時如果無法自戀一下（好比外在的謙謙君子回到房間，還是能夠自傲一下平日的成就）、無法享受手淫、無法讓心中的父母與道德僅僅留在房門外，那這個人還不能算是在「獨處」，因為「上帝／佛祖／父母／某位維尼大大」總是在暗處盯著你，使得無時無刻都需要「慎其言行」。進一步而言，他還不算是情緒成熟的大人，因為他無法駕馭心中的恨意和嫉羨，他潛意識中認為獨處時的享樂，會招致他人的憎恨與嫉羨。

這讓我想到，如果一位太太在洗澡時，不能做回真得似假的自己，即獨自一個女人！那「慎獨」又有何心理健康的意義呢？「慎獨」這自處之道，居然教人們把整個世界的目光帶進自己的房間，然後在展演「君子這件事」！事實上，這君子的心理結構應該屬於強迫式的性格官能症（compulsive character neurosis）。——是的，我曾治療過一位十分「君子」的男士，他連手淫時幻想到自己跟喜歡的女生「黑白來」都會感到罪惡，所以他總是強迫性地實行禁欲，每次禁欲便是好幾個月。

現在，讓我們回到那句「孤獨表達著孤單之痛苦，而獨處則表達著孤單之榮耀」，我質疑過這種「境界」的可能，因為它源於自我或他者的理想化投射，亦是對實情的抹去。如此，我們便繼續思考到「孤獨」（loneliness/solitude）到底是不是一種文化風骨的問題。我們會強調「孤獨」作為一種風骨，往往在於古代官場中「不同流合汙」的人在團體中是孤獨的，某人的見解若是一股「清流」，他便會發現自己在人群中是孤獨的。相反，如果過去敢直言進諫的人並非只有一人，而是一個團體時，他便感到有志同道合的同胞而不再孤獨。

「孤獨者」不必然代表文化風骨（但風骨意義重大），這也許只是一個時代或官場情境與文化而產生的後果（持續性的維度），又或者，孤獨者可能僅僅是一名怪誕的獨行俠（傾向性的維度）。至少，源於維也納的精神分析不太會以「風骨」來思考問題。如果是在治療中，我們可能會問：「如果你作出一點妥協，會怎樣嗎？」，因為在西方，比如天主教會初期被羅馬人嘲笑與迫害時，他們在世上也感到十分孤獨，但為了維護信仰，才會使得教父特土良（Tertuliano, 150-230）說出：「因為基督身為神而降生為人，且為人類死去又復活一事，是如此的荒謬，這事才如此的可信！」

教精神分析好奇的，不是以各位名人的事跡或成就或德行，來判斷「孤獨」是否一種風骨或榮耀，卻是人們「忍受孤獨的能力」是怎樣產生的？它能支撐到何種地步？這份情感、信念或精神結構的力量又是以什麼方式運作的？

也許對大部分藝術創作者而言，一定程度的孤獨是必須的，他們或多或少享受獨處的時光。若回頭看看，從享受獨處、本身性格孤僻、為現實所逼迫的無奈孤獨心境、我假設孔子對孤獨的忽略（太幸福而無感／適應性防衛）、慎獨、到把泰然自若的孤獨當作被投射與認同的美學……其實彼此在本質或現象構成上，都總是另一回事！謹慎於語言看似清晰的模糊性，我們將會發現人們說的「孤獨」、「單獨」、「獨處」、「孤單」、「寂寞」各有其脈絡的差異與潛意識層面的類似，有些是病理的、有些是文化、有些是情境、有些是遭遇、有些是昇華、有些是必須的選項。上述所說，我還沒有確切的答案，不過我相信：孤獨，總有其弦外之音，或是說，孤獨有各種等待細聽的泛音。

如此，書寫本書的第二個動機，更好是說欲達到的目標，就是讓精神分析能夠以中文的方式被恰當表達，而不是強加華人傳統或以本土化之名，去（曲）理解精神分析。我認為謹慎對待精神分析百年來的發現與我們文化裡的潛意識，才可能達到真正的「本土化」（若確實有的話）。讓精神分析真的用中文來發言！否則，精神分析的「孤獨」只會被中文世界所遺落／中文世界的「孤獨」會被精神分析所遺落。

0-3

百年，或少年孤寂

若按照佛洛伊德的構想，文明的建立來自對本能的壓抑，人們不再抱緊自然而粗糙的原始物，卻渴慕被轉化的創造物。因此，我們不能妄於行動，卻得三思而行，犧牲享樂來換取幸福，從勞苦的耕耘——無論是指真實的農作物，還是今天都市人刻苦打拚的夢想——栽種出鮮花與果實。那個被壓抑與犧牲掉的，就是象徵連結與情感傾注的「性本能」（Eros）。如此，一代又一代的人類，或從小嬰兒在母親乳房旁，到老年的成熟與獨立於人旁，我們都真的如馬奎斯（Gabriel García Márquez, 1927-2014）的小說《百年孤寂》（*Cien años de soledad, One hundred years of solitude*）所說的：

「越文明，越孤獨」

且看！那些能夠自成一派的精神分析大師——這邊我先論及克萊恩（Melanie Klein）及

柯胡特（Heinz Kohut）二人——為病人、理論、治療技術寫了一輩子的學術論文，但往往要到晚年，甚至是最後一篇文章裡，才涉足（他與她自身的）「孤獨」這片荒漠。因此，通常在話還未說完之際，在別人聽清楚他的聲音前，便已化作無聲了！

無法消除那不屬於自己的自己

在克萊恩女士（1882-1960）去世三年後「被出版」的最後一篇文稿，她直言對不必透過語言便能瞭解彼此的母嬰早期關係的渴望，造成了孤獨（loneliness），即孤獨源自於一種無可挽回之失落的憂鬱（Klein, 1963）。孤獨的人，發出對所失去的完美狀態（完美的母親＋完美的自己）無所不在的呼求，這在於破壞的衝動從內在升起時，壞掉、孤單、被拋棄、無法修復等焦慮，推開並瀰漫於關係中（企圖整合善與惡）的二人，使人感到無比孤獨的痛苦。然而，困局就在於，從來沒有全然和永恆的整合，因為內在生與死的本能力量（libido & destrudo）之間，有著根本且永恆的對立與衝突。即使通過最深的精神分析，我也未曾見識過有人完整地瞭解和接受自身全然的情緒、潛意識幻想和焦慮——因為「最成功」的分析，也代表有些東西能以不衝突的方式安頓於潛意識之中。如此，無論我們通過什麼方式以達到多少整合，都無法排除一種「有一部分的自己不屬於、分離於自己」的根本的孤獨與怪異。

這種主體的失落，自我與自我的永恆分裂，當然被許多分析師以不同的方式及理論描述過，但克萊恩更指向了緩和源源不絕的孤獨感的方式本身常被當作防衛來使用，好使孤獨感隔絕於意識。有些人使用極度的依賴（如依賴型人格者對伴侶的形影不離）、有些人逃向內在的幻想（如神的恩賜），甚至代表情感成熟的「獨立」亦可能用作防衛，即藉由減少他人的依賴使自己自覺堅強，從而反制了與愛人分享內外在親密感的需要來否認孤獨。

但我認為最有趣的是，克萊恩提到老人會以沉溺於過去的風光，好比以「想當年，（如果）我怎樣怎樣……」的回憶來防衛孤獨；然而，她卻沒有提及自己在一九五七年發表的重要論文〈嫉羨和感恩〉中的觀點，即成人也會反過來依賴所愛的（年青）人。她只有論述那些能在早年就認同於其他家族成員的愉悅與滿足（即別人也值得擁有好東西）的人，於後來的生命中才能夠克服嫉羨感，以跟他人發展良好的關係，待他們老了以後，便會願意及有能力認同於年輕人的成就和滿足。可以說，克萊恩認為唯有奠基於早期良好的母嬰關係，人老了以後才能對過去的人生有所感恩，而不會藉由把內在的壞自我投射出去，來忿恨今天年輕人的成就、異議與反叛，或去嫉羨少年們的才智與綻放的青春，使得無法對閃閃發亮的青年作出「愛才」之舉。

這篇未準備出版的文章，彷彿是克萊恩潛意識地給自己的一個下台階，卻吹起了她自身老年無可逃逸的孤獨的號角聲。孩童時期的克萊恩不被父親寵愛，母親也只偏愛大哥，唯一會保護克萊恩的二姐在她四歲時過世，這造就了她早年的憂鬱傾向。父親死後，母親把家族業務交給大姐及姐夫手上，卻把克萊恩的行李直接打包送到她表哥暨未婚夫 **Arthur** 的家裡去。後來她在敬仰的大哥死於心臟衰竭的哀痛中，完成了她毫不愉快的婚禮。克萊恩在一九〇四年生下女兒 **Melitta**，三年後生下兒子 **Hans**，這時候的她完全不滿於婚姻生活而憂鬱，母親又開始介入她的婚姻關係，一九〇九年後她還一度進駐瑞士的一家療養院休養。一九一四年她又誕下小兒子 **Erich**，但同年母親去世，這促使她去找當時跟隨佛洛伊德而成名的 **Ferenczi** 做精神分析。

這時候，她把學到的拿回家應用，去分析自己的孩子們（這件事是十分粗暴的，但有著時代因素）！無論如何，女兒 **Melitta** 在一九二九年也在英國精神分析學會跟隨克萊恩，但不到幾年，她便開始猛烈批評母親的論點，指責她把母嬰關係的問題都歸因於小孩的潛意識幻想與焦慮所致，卻忽略了母親的「實際所為」對孩子的發展影響。不久，一九三四年大兒子 **Hans** 因山難去世，但 **Melitta** 堅持他是對母親失望而自殺，是克萊恩過度介入（由早年分析開始）孩子生活的「實際所為」造成的。悲痛中的克萊恩埋首工作，甚至沒有參加兒子的喪禮（Sayers, 2001/1991）。

由此推想，克萊恩到晚年還未真正意識地瞭解她父母對自己實在的影響力、未曾認真聽取女兒的指控、乃至於無法對生命感恩或是對少年們感到欣喜。但也許潛意識地，她已開始面對自己的「罪」，好比對孩子做早期分析的傷害、不滿的婚姻生活與婚外情、未哀悼的喪子之痛、被女兒拋棄與指責的孤獨感……才於晚年寫說（1963）：

「它（孤獨）永遠無法被完全消除」

我想，克萊恩對女兒Melitta，這位才華洋溢、寫過至少六本著作的少女所作的認同或補償，是呈現於她當作遺物而送上的所有珠寶裡頭。彷彿是母女關係再糟的華人家庭裡，母親總是會為女兒留下該有的嫁妝，這象徵著她母愛的補贖。

讓自己為自己的孤獨發聲

從英國來到美國，我還要談談芝加哥精神分析學院的天才分析師，因著對佛洛伊德理論與精神分析發展的深入瞭解與遊刃有餘的講學，被稱作「精神分析先生」（Mr.

Psychoanalysis）的柯胡特（Heinz Kohut, 1913-1981）。學院的學生們固然仰慕著大師無所不知與深奧神祕的思考，但他們也親身聽說他的故事：柯胡特雙親都是猶太人，一戰時跟被抓去當兵的父親分離，而父親也因為戰爭中斷了其鋼琴家生涯而憂鬱；他的母親則是位疏離的女性，每天只想擠入上流階級社群而忙於社交，往往把小柯胡特留給家庭教師照顧；加上整個童年只在家裡接受私塾教育，使他日後因缺少社會化而無法自在於群體中；後來在二戰時被納粹逼迫而離開了奧地利，輾轉之下，帶著各種創傷，於一九四〇年來到芝加哥（Siegel, 2005/1996）。

自從柯胡特提出其著名的「自體心理學」（self psychology）理論以後，即使當過美國精神分析學會會長及國際精神分析學會副會長的他，仍飽受當時學院內保守勢力的反撲、誤解、冷待。他晚年哀嘆：「人們就是沒有讀我所寫的東西……」

柯胡特於逝世前兩年發表了以其所創立的理論架構作完整分析治療的個案〈Z先生的兩次分析〉論文（Kohut, 1979）——有一說法，文中的Z先生其實就是他本人，即柯胡特以自我分析的材料而編寫出來的個案，而現在我亦採用這樣的觀點去看：Z先生是二十來歲時，因著社會孤立感與跟女性建立關係的問題來作首次治療（與柯胡特初到芝加哥的歲數相約），透過一週五次，持續四年半的古典精神分析（可類比為柯胡特在學院受訓的時期），他有序地走過理論所說的治療階段，工作上表現不錯，開始跟幾位女性發展關係。然而五年後，Z先生再次回來，認為除了這些現實的進步外，其內心仍無法感到樂趣，關係也是表淺而無愛的。只是這一次，他受到「自體心理學」式的分析治療，柯胡特與Z先生「共同」走過他與母親的關係問題，即他有一個主宰的母親，她把Z先生孤立於一種只能服從於她的窒息關係裡，這種無法獨立的焦慮，帶來了孤獨與毀滅的恐懼，因為對於「解開與母親關係的糾結」與「對她作為愛意與力量的錯覺」之間，他是絕望的！

如果Z先生就是柯胡特，他不只是把一份「孤獨」壓箱於人格底層，在學會內也因為別人追不上他的才智，深受天才才有機會獨享的排斥。直到晚年，他才以Z先生這個替身（alter ego），對自身古老的「孤獨」作出反抗——走出「精神分析先生」的稱呼與桎梏，讓自體心理學的理論為自身的「孤獨」發聲，以完整案例與理論結合的發表，作為他跟那個一直在潛意識中被凍結、分裂、乾燒著的孤獨的小柯胡特作出和解！一如馬奎斯也提到：

「一個幸福晚年的祕訣，僅僅是與孤寂簽訂一份體面的協議。」[2]

克萊恩的「協議」——〈論孤獨的感受〉還未完成，仍未與女兒修補關係，便於孤獨之

---

2 英文一般釋作 "The secret of a good old age is simply an honorable pact with solitude."

中去世。若不計算今天的學術界熱度，柯胡特也許在某種意義上比較幸福，他以〈Z先生的兩次分析〉及三本鉅著，作為其與孤寂的體面協議而安息——即使認真研讀它們的學者遠比克萊恩的少。

原來，我們不只有《百年孤寂》，也確實是在百年歸老之際，才真正懂得孤寂……既然這些孤寂是從童年生根的，又往往於青少年時期開始冒起或被意識到，讓我們得了種種症狀與診斷，或蔓延的憂鬱，那麼我們為何不去慎思「少年孤寂」?!

「少年孤寂」（Adolescent years of solitude），我用這個詞來指涉那些「童年產生與累積至「老年面對與僵化」之間，常常於青少年階段明顯有感但被異化的，誤以為是別的事物、與個體心理無關，被繁花似海的人際、工作、情愛遮蓋的，被換作攻擊、破壞與狂妄的性，被心理防衛掉而「明明知道卻不知情」的「諸種孤獨」。

由於當年它（愛與恨、輕狂與成熟、憂鬱與激情、幻想與實際、神聖與卑賤……）降臨之際，我沒有逃開，卻一力抓住了它，帶到對己誠實的祭台上獻祭，才發現它廣泛地以難以辨認的方式存在於許多人（親友、個案、鄰人）的面容上、眼神內……但如同神父在每一臺彌撒中說的：「蒙召來赴盛宴的人，是有福的！」，教現在的我想跟你們分享這頓饗宴。

與其扮演智者，不如問自己「是」誰！

佛洛伊德的入室弟子 Reik（1963）說過：

「雖然年輕人有時會相信世界的大小是止於他們的視野與認知，但如果他們於對世界沒有一種理想主義的構想，那麼就很可憐。相反，那些老年人還抱持理想主義的話，也是很可憐的，因為他們潛意識中還是個小孩，總是想像自己可以隨意旅行太空。」

Reik 的勸世文大概想說，每個年齡層的人都有其對世界的適當觀念與價值，年輕人應該是理想主義的（Idealism），老年人則應該是現實主義的（Réalisme）。要是不把兩者視為對立，卻把「理想主義↓↑現實主義」想像成一個光譜，那是不是說少年們如果太早滑向現實主義，或老年人還偏向理想主義，就是不妥當的？

我不認為這樣。在表達我的想法前，我想起一位男同志——這位男士整天在表達自己跟世俗不同道，一天他在社交平台說：「我每次約了圈內的人見面，都感到跟他們『格格不入』，他們要不講話很三八，要不就以貌取人。我跟自己說，這是最後一次！為什麼我偏偏跟他們是同類？我不想再當一個同志了！唉！跟正常的異性戀男生相處開心多了！」然而，平日藉由觀察他的一天十幾則貼文，便會發現他也是個講話很三八、總是以貌取人、把截取的或偷拍的「男神照」分享出來，公開地用言語意淫一番；他很愛強調自己陽剛，長得像異男，卻不斷炫耀自己被男生搭訕時如何被稱讚可愛，並把對方跟他說的話公開示眾：「『對方』：如果你是女生，我一定想跟你在一起！」。這類的貼文不斷輪迴幾年。

這男士是孤獨的，他的每個行動都是理想主義，如幻想著自己有多帥、會遇到一個真命天子、把自己捧在手掌心，過上幸福的日子而無需再與世俗打交道，但事情一旦失敗，他的言行就全然現實主義起來，說什麼已經接受這一切、認老了、不找了……但求歲月靜好。四十歲的他，孤獨於他無知於自己的分裂，在潛意識中仍然排斥著自己的同性戀部分（乃至需要分析進一步揭示的心理構成因素）——因而，它必然會以最挫敗的理想化方式回返。另一種詮釋角度是：這位男士已經半老了，但他仍可憐地緊抱著從未實現過、或在消逝時未哀悼過的理想主義，所以他不只對社會未曾妥協（身為同志的他不曾為台灣的同婚合法化而開心，卻稱中共為從未迫害過任何人的偉大政權），這不妥協又是萌芽自內心那片性與欲與愛的衝突，皆欠缺妥協的餘地；與此同時，他為了遮蔽理想主義的氣息，便會心口不一地彆扭與偽善，以現實主義的底妝把自己妝扮成一位看破世事的智者。

是的，當出路（理想主義／現實主義／逃向愛情等）都被自己所不知的「少年孤寂」所「堵攔」時，在絕路的人若有一點才情，便往往扮演起智者來！因著「我吃過的鹽比你吃過的米還多」，或在任何一方面，只要他認為自己比眼前的年輕人早一秒涉入、多一點經驗、快一步看見，那群理想主義的老人便會披著現實主義的皮，來為自己過去每一項失敗的理想、為今天每一位少年教他的嫉羨，編織一塊皇袍加身的遮羞布。當然，也有一些少年們其實是披著理想主義的現實主義老人，他們談論著（往往在否定）某種方式作為實現理想的途徑，卻只是用來迴避自身缺乏勇氣的懦弱與自卑、害怕別人真的成功，而剩下自己被遺落於世。

我並不反對 **Reik** 就「年輕人——理想主義 VS. 老年人——現實主義」的說法，而是想指出我們心中到底、是否、真的「是」那樣！問題往往在於我們不知道自己「是」，我們裝作「不是」，或潛意識的驅力使我們做著與嘴巴說的凜然相反之事——且看那位可憐的男同志，還不夠可悲式滑稽嗎？

若要去補充 **Reik** 沒說清楚的，便是這種對立的兩端、或光譜的區段間的「可轉換性」（convertibility）或「可滲透性」（permeability）問題。若缺乏之，年輕人的理想主義心態，便教他缺乏同理心且批評所有非理想之物，儘管在前一刻他和誰關係有多好；老年人的現實主義心態，則驅使悲觀的他強迫他人也要活得悲觀，因為樂觀、希望、勇氣都是不合法的！相反，當我們擁有可轉換性或可滲透性，即一種允許自己與他人犯錯、改變與修復的精神及彈性時，或當「少年孤寂」能夠以某種方式被看見與質疑，被追逐與改道，被確信與放下，也就是我們能夠把潛意識裡矛盾又對立的事物置於意識下端詳、忍受、施工、轉化、重述之時——少年們心中才可能涵容智慧的老靈魂，而老人心中也活現出大智若愚的少年。

因此，本書的「少年」並非指十二至十八歲或十八至三十五歲的某特定人群。

「少年」（adolescents），是指那些未僵化至失去理想的、有某種執念、為理想走向極端（無論哪一種）但仍然渴望改變的、仍然在路途中蹣跚著、過分自信又過度自卑的在修羅場上苦戰著、卻有一絲與自身的「少年孤寂」相遇的男女們——儘管您今天已經八十歲，只要還保有尋覓與敲門的初心，就是「少年」。

這一刻，我想著人們為何要像孔子般到了晚年，已經身為一位知名又成功的人士，才提出人生的美好想像與構建呢？如果能及早觸及與面對生命中各種「必然」的孤獨與孤寂，少年們的今天與往後的生命，難道不會有點不一樣？

我不希望在老年才以某位資深心理治療師的智慧老人姿態，用沙啞但沉穩的聲線，上個適宜卻明顯在裝年輕的妝容，坐在椅子上，也許翹著腿，跟人們娓娓道來孤獨的重要性與成就的方式。不！甚至我不是經典日本動畫《數碼寶貝》裡被召選的孩子也罷，但僅憑著對精神分析、去治療與被治療的反身思考，我也會順著那股內在的力量——反抗！

一如羅馬尼亞旅法詩人Cioran，在其〈孤獨——心靈的分裂〉（La Solitude-Schisme du Coeur）中寫道（Cioran, 2008/1949）：

「『……』一個孤獨的世界面對一顆孤獨的心靈，彼此註定要分離，要在對立中激怒對方。當孤獨強烈到不再只是我們的「現實」，而是成了我們唯一的「信仰」時，我們便再不能與萬物融合：我們就成了存在的異端，被趕出了生命的群體，而這個群體唯一的好處，卻只是氣喘吁吁地期待著某種不是死亡的東西。然而，當我們脫去了這種期待的蠱惑，拋開了幻覺的眾教合一感，我們便成了最為叛逆的邪教團，因為我們的靈魂本身便生在異端。」

若在那個教星河驀然失色的暗黑異端上，勇敢出發，我們縱使孤身，卻能發現死亡之物（la Chose）不過是一種真實的幻覺。這種對死亡之物真實的清醒，使異端要是作為反抗的力量、或是對既有存在的叛逆，那就讓我成為異端！好在把我遺落的世界裡，尋回我所失去的「孤獨我」！

【導言】參考文獻

Blatt, S. J., & Shichman, S. (1983). Two primary configurations of psychopathology. Psychoanalysis and Contemporary Thought, 6, 187-254.

Cioran, E. (2008). 解體概要（宋剛譯）。行人。（原著出版年：一九四九年）

Erikson, E. H. (1956). The problem of ego identity. Journal of America Psychoanalytic Association, 4, 56 - 121.

Erikson, E. H. (1959). Identity and the life cycle: Selected papers by Erik H. Erikson. International Universities Press.

Erikson, E. H., Erikson, J. M., & Kivnick, H. Q. (1986). Vital involvement in old age. W W Norton & Co.

Fromm, E. (1959). Sigmund Freud's mission: An analysis of his personality and influence. Harper and Brothers Publishers.

Klein, M. (1963). On the sense of loneliness. In Envy and gratitude and other works 1946-1963 (pp. 300-313). Hogarth.

Kohut, H. (1979). The two analyses of Mr Z. International Journal of Psychoanalysis, 60, 3-27.

Kramer, P. D. (2006). Freud: Inventor of the modern minds. HarperCollins.

OxfordLieder (2020).Songs: Ich bin der welt abhanden gekommen (G. Mahler)(1901). Retrieved from https://www.oxfordlieder.co.uk/song/1938

Richards, A. K., Spira, L., & Lynch, A. A. (Eds.) (2013). Encounters with loneliness: Only the lonely. IPBooks.

Reik, T. (1963). The need to be loved. Farrar, Straus.

Sayers, J. (2001). 母性精神分析（劉慧卿譯）。心靈工坊。（原著出版年：一九九一年）

Siegel, A. M. (2005). 漢斯・柯赫與自體心理學（葉宇記譯）。遠流。（原著出版年：一九九六年）

Willock, B. (2018). Erik Erikson's place in relational psychoanalysis: Discussion of "Some thoughts on trust and betrayal". Psychoanalytic Dialogues, 28(5), 569-580.

Winnicott, D. W. (1965[1958]). The capacity to be alone. In The maturational processes and the facilitating environment (pp. 29-36). The Hogarth Press and the Institute of Psycho-Analysis.

第一部分

孤獨

都是因為一路上　一路上
大雨曾經滂沱　證明你有來過
可是當我閉上眼　再睜開眼
只看見沙漠　哪裡有什麼駱駝

背影是真的　人是假的　沒什麼執著
一百年前　你不是你我不是我
悲哀是真的　淚是假的　本來沒因果
一百年後　沒有你也沒有我

〈百年孤寂〉，林夕

1-1

你凝視進我靈魂的憂鬱——母親，毋侵！

有人說，眼睛是靈魂之窗，彷彿透過凝視雙目，我們就能夠窺見他人心中的祕密，透視其靈魂散發的實實在在是純真或邪惡、良善或奸狡的本質。

不知道你可曾想像，當我們凝視一雙眼神時不是發現了什麼祕密，而是看見我們彼此其實都一樣的平凡與偉大，就像林夕填詞，林宥嘉演唱的〈感同身受〉中寫道：

不一樣的血肉之軀
在痛苦快樂面前
我們都是平起平坐

這種眾生平等的領悟，是源自我們感同身受地看到彼此眼眶所閃耀的孤獨與無力的痕跡嗎？要是領悟帶來了慰藉，那它所代表的是在於我們對痛苦與快樂的平起平坐，能夠回過頭來讓彼此重新面對自己的不一樣，每一副血肉之軀在「平等」之外的「不一樣」際遇與命運嗎？

如果是這樣，那無疑在心理治療中二人面對面而坐的必要性——即使是精神分析師，今天也不再把個案必須躺在躺椅上進行一事奉為圭臬——，因為我們能夠透過眼神，瞭解到個案與我們沒有什麼不一樣，我們都人性地生活著；而同樣，個案也可以看見治療師的雙眼在傾聽自己故事以後瞞騙不得的反應，或是治療師眼中的自己是怎樣的存在，然後在每一次治療開始與結束時彼此年復年、日復日的「平起平坐」，直到自己哪一天能夠真實的離開諮商室，好面對、找回、領受、贖回、創造那個屬己的「不一樣」。

以上是藉由所喜歡的歌曲，勾勒出我對心理治療的為世之度。要是有人認為這過於理想，我亦會大方承認，但這種理想仍是必須的，因為治療師在心理治療中凝望的那雙眼，正是個案從小到大，用來凝視父母或重要他人，往往已經傷疤累累、滿載憂鬱、落寞卻無痕的靈魂之窗。因此，我認為這種理想是作為治療必須的一個「反抗的位置」，好讓那些因各種形式與程度的防衛、在治療中日漸產生的情緒與關係（甚至源自治療師個人的技術失誤、或其人格中無法安頓的孤獨與無望感）所引發的東西，不會在言語無法企及的黑暗中，教二人墜落。

個案們在父母眼中發現的，往往不是什麼祕密，亦不是領悟與慰藉，而是恐懼、嫌惡、冷寞、憎恨、羞恥……以及更可怕的，是一種是跟今天的自己一樣的眼神！彷彿只要深深探進這瞳孔，我們就會墜落無盡的黑暗之中。

記得二〇一八年的九月，我剛好向實習的醫院請了一週的假回澳門休息，順道見見家人朋友。有一位Y女士告訴我她的故事，一個身為女兒最害怕的故事：與母親相像！

鏡中母女：我的一切努力，是為了不像母親

那天我跟Y女士在咖啡廳碰面。她抱怨上週吃晚飯時，母親當著她的先生和友人面前，喋喋不休地給予她「生活的指導與建議」。最初Y女士只是板起一張黑臉，沉默不語，但當她母親說：「你是我女兒，又長得跟我那麼像，媽媽知道什麼事對妳最好！」內心早已按捺不住的她，雖然仍然在飯局上強忍著炸開的憤怒，但在離席後便馬上為自己剛才的無言以對，抱頭痛哭。

「X！我最撚憎人話我似我老母！（國：X！我最討厭聽到說我跟我媽長得像！）」Y女士就跟母親相像的厭惡感，不只在這句粵語中表達得淋漓盡致，也表現在生活的大小事情裡。好比她買了一支去皺的臉部滑輪和報名運動班減肥，這些看似為了讓自己更美麗動人的努力舉動，乃源於她之前照鏡子時：「發現自己再這樣下去，會跟媽媽越來越像！」當她告訴我這深層的恐懼之際，我便突然回憶起Y女士結婚那一天，看著跟母親站在一起的她，我不禁說了一句：「妳跟妳媽真的長得好像！」她百般無奈地自嘲：「畢竟我是她生的嘛！」現在，我終於懂得那語言之外的唏噓與傷悲。

我緩緩放下手中的咖啡，思索著對「母女相像」的那股恐懼，彷彿二人臉孔的相似只不過是指向某個更莫名的黑暗深淵，正如有時候最不經意的話語，卻道盡了潛意識的真相一樣。

Y女士自知情緒管控不好，目前也沒有計畫生育，因為：「我全家都有病，很自然我也有問題，這我還是有自知之明的，因為在這種家庭中長大，才會嫁給一個也是情緒有問題的老公（他先生可以因為Y女士起床後沒有給他打電話問候，便言語上施加情緒暴力。）」。

即使意識上，女孩總是清楚要表現得跟母親不一樣，決心不要成為「母親二號」。不過，正如我在諮商工作中遇見的大部分女性，無論年紀，只要去想像她未來的家庭生活，都會有股莫大的恐懼：「我真的很怕自己會跟媽媽當年對待我一樣的去對待孩子。」

這種恐懼本身就像是無比的折磨，讓人無法好好設想未來的家庭生活場景，彷彿在某本小說裡已被命定了劇情的發展，因為無論是母親還是自己當上故事中的主角，兩位女士的命運都是一樣的：我們潛意識地同樣殘害了一個孩子的「童年今日」！

從母親的眼中看見自己

人類也許是跟母親有著最玄妙關係的情感生物，無論是童稚當年或是長大成人的今日，我們的目光仍然看著她。俗語用「養兒一百歲，長憂九十九」來表示（父）母親總是把子女一輩子都當作小孩子來看待，但這句話沒有說出其另一面！放心，我不是說子女也想被父母一輩子都當作小孩子，而是我們心中有一塊，無論是好的壞的、善的惡的、硬的軟的，總是對著母親「出生一百歲，長看九十九」的！

人類，無論你有沒有察覺或願不願意承認，在本質上就是一再尋求他人認同的生命。我們終其一生都在爭取他人的認同，並且會因為得不到、得到的不是心中想要的、得到卻無法更多，而有複雜的情緒及行為，彼此只是程度差異的問題。在術語上，這是一種「歇斯底里」的特質，因為歇斯底里的本意，無非就是想吸引他人（母親）注意與認同的傾向。

讓我們說一點點理論，因為「渴求注意與認同」是一道心理學的問題，而心理學之所以能夠成立，按精神分析師 Reik（1948）的說法，是人因為自我的分裂而能夠達成「自我觀察」，就是「『主格我』觀察『受格我』」（The "I" observes the "Me"）——一種「『我』覺得／認為／發現／感覺／看到『我』」怎樣怎樣……的表述——因此我們能夠觀察自己內心的感受，用科學的方式描繪它，一步步形成心理學的知識。

不過，人類並不是從一開始就曉得「自我觀察」，他最初對自己沒有概念，就像小嬰兒牙牙學語時，媽媽如果是教他模仿「你叫家明」，那小孩只會說出「你是家明」，因此媽媽要用「我叫家明」來教，小孩才可能學會「我叫家明」；可見，在生命之初，人們還沒有「主格我」與「受格我」的區分。然而，小嬰兒很快就會觀察周圍的他人，而且是觀察到那些主要照顧者的父母們，會因為他自己的一些表現而給予注視或回應；換言之，小嬰兒是由於發現到「他們」正在觀察「自己」，後來才把注意力轉向自己，漸漸達成自我觀察。這時候，小小孩便能夠思考及想像，大人們的動作與反應：他們喜不喜歡我？是高興或生氣？我是不是他們帶著笑容的眼神中的好小孩？

如此，「觀察」從此跟「評價」的感覺相連，即「主格我『評價』受格我」，生活中的許多事情，亦從此被賦予價值而二元化。而最重要的是，這些「評價」最初是從（父）母親的「目光」中表達出來，後來被小嬰兒內攝（introject）成為自己的一部分，成為他或她看待自己的方式。

試問，人類的眼神又如何能夠跟母親看待我們的那雙目光不相似呢？我們（主格我）觀察、看待、評價自己（受格我）的目光裡頭閃爍的，就是當年我們看著母親是如何看著我們的那種對望與認同，就像是兩塊平行且相對的鏡子所產生的無盡反射。

只可惜，要是母親眼神裡藏著的是一抹憂鬱，一抹對自己、對孩子、對生活與丈夫、對未來與世界的憂鬱，那意味著負評、質疑、不屑、冰冷的憂鬱，那麼兩塊鏡子無盡反射下所產生的，便是一個無盡的黑暗深淵，隨時讓人墜落！

就像那句「你是我女兒，又長得跟我那麼像，媽媽知道什麼事對妳最好！」，便讓Y女士直接墜落到存在的孤獨極境，沒有人懂她的痛，沒有人（朋友，先生，更遑論她母親）知道她在「那裡」。幸好，在抱頭痛哭之後，她打了通電話給在台灣的我，而我承諾一週後回澳門必定先跟她見面。

夜行動物：妳們眼中都有著同樣的悲傷

回憶並書寫這段往事的深夜，Tom Ford 執導的電影《夜行動物》（Nocturnal Animals, 2016）中的一幕，稍稍地來到我的意識跟前。女主角 Susan 與前夫 Edward 的一次約會中，他對她說：

「我一直都很喜歡妳媽媽……妳們眼中都有著同樣的悲傷……妳們有著一樣悲傷的眼睛，且這雙眼睛，真美。」

「別『再說』我像我媽這種話了，好不？我才不要像她！」Susan 強顏歡笑。

這個片段至少有兩個讓我停下來細想之處。

首先是「一樣的悲傷」，或者是精神分析常談到的憂鬱（melancholia），居然以一種無可逃逸與無力抵制，在母女間遺傳並複製。就像Y女士一樣，即便多麼不情願，卻還是無解於自己為什麼極容易被憂鬱的母親影響而情緒低落，彷彿她們在情感上，以某種方式繼承了情感的相似性，或是當一抹憂鬱出現在母親的鏡子上時，對面那塊女兒的鏡子也必然作出同樣的反射。

第二點要指出的是，如果 Edward 一直喜歡的是 Susan 那份與她母親一樣的「某物」（那雙悲傷地優美的眼睛），而這又是她最奮力抗拒的；那到底，他喜歡的她，是否亦象徵著她欲揮別的母親的陰魂不散？抑或者，當她尋求他眼中的自己——那個應該早已獨立、與母親不同、被理想的男士所愛的自己——的時候，會否陰差陽錯地看見自己母親的面容？在實際及心理意義上的鏡子面前，一個個受母親影響至「童年今日」的女兒自問：我跟母親真的是一樣的嗎？我是否永遠逃不出她的陰霾？

回到晚餐桌上，Y女士的母親所給予她的「關心」（「你不要到外地工作，留在這裡就好！我清楚怎樣對妳是最好的！」），其實只是用否定其個體性與力量的方式，偷渡地傳達不要與女兒分離的命令，或者如《夜行動物》的Susan所說：

「她們只是把子女視為自己的鏡影。（They just see us as a reflection of themselves.）」

——而我的理解是，要否定「不同」，以變成「一樣」的人。

這鏡像的母女相似性極其自然（身上有一半的基因源自母親，童年大半的時間被她撫養）又無比怪異（當二人關係並不良好，尤其是當母親要女兒成為自己的鏡影時），那確實閉上眼，或把臉別過去，眼不見為淨！

意識中說「母親」，但在潛意識中說「毋侵」

時間來到二〇二〇年的六月，因為Covid-19的全球性爆發——雖然當時在台灣十分安全，這時候人們基本上已沒有在公共場所必須配載口罩的壓力——我已經一整年沒有跟在澳門的家人朋友見面，我想念面對面的相聚時光。Y女士在某一天中午給我傳來訊息，她正在跟母親和其他親友在茶樓飲茶：「我啱先發咗一陣怐愗，我媽就好似望病人咁望住我：同佢一齊好大壓力，發下怐愗都唔得咁！（國：我剛剛在發愣發呆，而我媽就像是看著一位病人似的看著我……跟她在一起我壓力好大，彷彿發愣發呆一下都不被允許！）」

兩年過去，Y女士逐漸能夠意識到她母親總是透過眼神，把其不自知的部分丟給總會接受到這份焦慮而被影響的自己。「看著一位病人」，是的，Y女士對母親眼神的解讀，源於她認為自己成長在有病的家庭，所以自己也是有病的：「我也是『病人』，不過我努力不影響到他人，也希望能夠活得很有意識！」

我設想，如果我是在諮商室聽到她，會不會領悟到這句話其實已道出了早年的潛意識真相呢？那個憂鬱而滿載焦慮的「母親活像個病人」！也許小時候，我不知道她的眼神代表著什麼（因為她不笑，她不因我的快樂而快樂，卻把她生活的憂慮凝視進去我的靈魂內），但看著她的雙眼來作自我觀察的「我」，便在不知不覺間，把作為病人的她認同進我之內，使我（主格我——母親）也不斷批評、不滿、討厭起自我（受格我——病人）來——即使我希望我不是「病人」！不像她！甚至外表上也不像！但潛意識對「相像」的恐懼卻是真實的如影隨形。

一如這次茶樓午餐（這次她沒有情緒失控），Y女士把臉別了過去，不再正視她的母親，彷彿不用看的，母親的女兒就仍可以用「想像」（imaginaire）——這正是藝術創作之所以能夠作為反抗母親的手段原因之一——來抵抗此一相似性。因為當她們睜開雙眼，必須面對鏡子中宛如真實的影像時，又不得不承認如法國的精神分析師André（2011）所說，「母親（mère）」與「一樣（même）」都已經交融在一起（兩者在法語的發音是幾乎一樣的）：跟我母親一樣（même que ma mère）。

在美好（如果真的存在）的親子關係中，親密地呼喊「母親」，當然是柔情蜜意的表現。但在憂鬱的「童年今日」關係裡，當女兒向眼前的母親說一聲「母親」時，難道在她的潛意識中，不也是一聲「毋侵」嗎？

有時候我不得不佩服拉岡（Jacques Lacan, 1901-1981）的啟發，因為在這種字詞的音響（能指，Signifier）相近效果，即封閉秩序所造就並允許的歧意連結或移位中，人們潛意識的欲望就被分析的耳朵消化且聽見了：「母親，毋侵（害我）」！

而且，「母親」（mǔ qīn）與「毋侵」（wú qīn）不只在國語中能作轉移，它在粵語中亦有同樣的效果，「母親」（mou⁵ can¹）與「毋侵」（mou⁴ cam¹）。

憂鬱的雙面刃：我憂鬱，是不想再照見妳憂鬱的鏡子深淵

也許是人類的命運，讓我們無法不去看母親的雙眼，不管她已經九十九歲，還是我們九十九歲的時候。

Y女士在委屈時無法反駁母親，另一位女性亦同樣，面對母親無理的責備時，也只能夠把臉別開，默默承受從眼角繼續刺進來的目光，與眼角不爭氣地落下的淚。難道這就是母女關係的哀歌？

若繼續用我前面提到的母女鏡像（兩面平行且相對，會產生無限反射深淵的鏡子）的關係來細想，其實那些母親們的言行，無論是嘶吼的臉孔或冷嘲的言語，都是一次積極攻擊；相對地，女兒們的反應都是默不作聲般被動防衛。我猜想，這是她們在當下，唯一能夠與母親「不再相像」的方式。換言之，母親的攻擊來自與女兒分離的那份孤獨，不能承受的

憂鬱化作可怕的焦慮，驅使人去攻占、去破壞，以抓緊快將失去的一切；女兒的防衛則來自對憂鬱又欲占據的母親深淵的逃離，這種逃離多少保證了自己跟她「不再相像」，因為她已經擺出一張跟母親不同的臉！然而，在此鏡像的對等中，這種逃離——把臉別過去，不要張開雙眼——往往使人掉入另一種孤獨之中，一種突然失去了自己的感受，也失去了原本屬於自己的力量。

在理論層面來看，害怕長得一樣，彷彿是一道專門針對母女關係的亂倫禁忌（André, 2011）：禁止趨向同一性。然而，這道禁令不再是傳統上由父親所下的禁止「母——子」或「父——女」的亂倫禁令。這一次，是由女兒自己給出的：別讓我跟妳一樣！

對不少女性而言，最教人絕望的不是與母親分離，而是無法分離、變成一樣的恐怖。這個過程會如此艱鉅，正在於女兒總是為母親臉上出現的一絲絲憂鬱而感到罪疚：妳不再照顧（在妳之內的）媽媽（的憂鬱）了嗎？

可以說，任何分離所帶給母親的憂鬱臉龐，亦潛意識地提醒著女兒：妳與她彷如鏡影的事實。為此，女兒保護母親（亦是一種保護自己），讓她不致於因分離而露出憂鬱的眼神；與此同時，女兒也避免去面對與她極為相像的事實。

只可惜這把憂鬱的雙面刃帶來的結果是，女兒只好讓自己的眼神也變得憂鬱，因保護母親而無法分離的憂鬱中，她繼續映照出母親的模樣——反正，只要不照鏡子，我還可以裝作無知。

你怎麼能挨過？

寫到這裡的時候，我的眼眶已經充滿淚水——我的精神分析思緒要求我繼續把還未說清楚的潛意識理論說完整，但我真實的情感教我先停下來，就像〈感同身受〉一曲所說的：

你怎麼能挨過
如果那個是我
可能比你更失落

身為男性，我難以想像，如果我是「母親的女兒」，又怎麼能夠挨過妳天天被憂鬱的眼神夜襲——佛洛伊德不也曾碰到同樣的困境嗎？他從小是家中的寵兒長子，他不理解女性的心靈，直到晚年，女性（無論是母親 Amalia，太太 Martha Bernays，還是女兒 Anna

Freud）對他而言還是一片黑暗的大陸——因此，他快快的繪製一張名為「陽具欽羨」（penis envy）的地圖來解釋女性的苦痛，讓自己靠岸在大陸的邊緣喘息。

先無論佛洛伊德是否正確，但我認為「如果那個是我，可能比你（妳）更失落」是個重要的出發點，唯有從這個失落的孤寂中，配以耐心的傾聽和生命的體會，我才有資格用書寫與精神分析的詮釋，為世上的少年少女們的孤獨與反抗，留下時代的足跡。

別人的遺憾當中　看到自己犯過的錯
有那麼多人在寂寞　就沒有人寂寞

在淚水還掛在眼角的深夜一刻，我馬上給Y女士傳了一條訊息：「我很想給妳一個擁抱。」雖然我們每週都有在facebook隨意聊一下，但也許她不懂我那天怎麼突然「暖男」起來。只願日後看到這本書的她，會瞭解到她在我心中的重要性，她——以及每一位受母親所苦的女性——是如此的值得被愛，值得找到屬於自己的笑容。

1-2

賽門沒有玩具，和只有玩具的賽門

很多人在社交場合，如學校或職場上，都會莫名地感到一股羞怯、自我懷疑、想表現卻不該表現的困窘；或是在感情上，會常常因為愛人不在身邊而焦躁不安。這種人多少會懷疑自己的愛、更懷疑對方，繼而產生一股要控制對方或切斷關係的意欲。這背後，是為了防備被對方那怕只是一些小事的欺騙，以及抵擋自己隨時被引爆的憤怒，只是這個憤怒的潛意識意義很少被發現。

這樣生活下去，人們大概已經累了，他們帶著疲憊的心，想著「也許沒有人真的愛我，我比較適合自己一人」。一個人的自我滿足，就是回頭去「沉醉」於某樣可以被控制的物件之上，一件可被重複的之物。它往往是一件玩具，卻又不再是「那件」玩具……

昨天沒有抓住，今天沒有放手

在生命的早期，嬰兒能好好的依賴母親、被保護是無比重要的，此階段的需要滿足以後，他們便朝向能動性的方向發展。可以想像，如果小嬰兒能夠按自己的意願爬行、發現事物、把東西抓緊在手中，或許把它放進嘴巴，然後把它丟掉或吐出來，媽媽再把它撿回來，看下一步他想怎樣對待這個東西，這些攸關探索與控制環境的經驗，便會烙印為小嬰兒心中的「自主」能力，並發展出一股「意志」，好比一聲：「我能夠按自己的選擇或意願來行動」的喜悅。

相反，要是父母總是限制小嬰兒的行動、打斷他的意願、拿走他辛苦抓來的寶物，那麼，從小在人們心裡種下的，便是無法自主或按意志行動的「羞愧與懷疑」。

有位憂鬱症男士曾跟我說：「你得到過某個東西再放手，跟從來沒有得到過而跟自己說不想要，是兩回事。」是的！童年時光裡若能夠好好抓住，即一種心理上的擁有過，他才會因為擁有過而能夠放手——他用一句話勾勒了他的潛意識問題。

我在這裡稱呼他為 Simon（賽門）好了。Simon 的憂鬱症是由於跟女朋友分手後，被遺落的孤獨感所誘發的。他的憂鬱很快轉為一發不可收拾的憤怒，因為他後來發現自己應該是

「被戴綠帽、被兵變了」，他恨她的不忠與欺騙。只是某程度上，他的憤怒（如在女生工作的地方苦等一整天，女方嚇得不敢露面）也反映了他曾經在關係中讓對方有壓力而不適的部分。這種「抓太緊」又「放不下」的行為模式，在長年的治療下，能被追溯至一個深刻的童年傷口：

「那個時候，我偶爾不吃午餐，辛苦地把零用錢存下來，幾個月以後終於能去玩具店買下那隻七百元的變形金剛。誰知道一回到家，我媽只是吼我說：『我給你錢不是讓你買玩具的！』便直接出門把變形金剛拿回去店裡退了！——這件事我只有說給你聽知道。」（很感謝他允許我把故事寫出來）

他不解、驚恐、憤恨，看著心愛的玩具來了又走了，卻心痛地無力反抗，彷彿從此認定了自己是個無能的失敗者。小 Simon 有哭嗎？一個人在房間的時候吧！就像他後來回想，跟女友分手大概只是「壓倒駱駝的最後一根稻草」，他略略知悉許多問題是從童年和家庭裡累積下來的。只是這兩個情境太相似了！他被分手的那段日子剛好在當兵服役，沒有人知道他的痛，他自己亦無解又無力，能做的只是一個人在軍營的房間裡孤獨地哭，一直痛，一直哭。

潛意識的重複，總是教我有一股無言的敬畏。可見早年「抓住」與「放開」的流動經驗，將會成為日後人們面對衝突的反應與態度的原型。

因為從未得到，所以當年被退掉的變形金剛其實仍活在Simon心中，而原因就在於一位最愛的女士「母親」的剝奪與背叛。今天他以為自己已經得到另一位心愛的女士，卻因為「兵變」而發現自己原來什麼都得不到，得到的仍是「無情」的剝奪與背叛，使得那位前女友也一直（以極恨的方式）活在Simon心中。治療一段日子後他比較釋懷心中的恨，但他同時花了不少錢來收藏各種變形金剛的模型。顯然這是一種心理的補償！也許他亦明白花再多的錢，也無法把第一隻、最美最珍貴的變形金剛買回來，但在治療的角度，這個退行（regression）又彷彿是必須的，並且要得到我的首肯與看見。

當我聽著他分享變形金剛時，不知道為何我腦中便響起搖滾樂團「草東沒有派對」創作的〈大風吹〉，當中有一段不斷重覆的歌詞：

哭啊　喊啊　叫你媽媽帶你去買玩具啊

快　快拿到學校炫耀吧
孩子　交點朋友吧
哎呀呀　你看你手上拿的是什麼啊
那東西我們早就不屑啦　哈哈哈

這首歌的出發點，大概是去批判校園人際欺凌的問題，彷彿那些有權力的人在嘲笑與譏諷手執一件過時與醜陋玩具的弱者。治療期間，我只好繼續在心中靜默地哼唱著這段旋律，終於「啊！」的一聲懂得這個潛意識意涵：Simon 的變形金剛被退回去的那一刻，他心裡就出現了一個欺凌者、嘲諷者、壓迫者，跟失去玩具的自己說：「哭啊！喊啊！叫你媽媽帶你去買玩具啊?!哈哈哈！」他被自己所羞辱，為自己的無能感到羞恥。

到了國中，瘦小的他被三位高壯的同學欺壓，但此等羞辱終於化作絕地反擊，有一回，他隻身擊退了三人，並從此嚇窒了他們，Simon 成為了反擊者，在性格上變得好勇鬥狠，在心中穿上厚厚的盔甲，拿著長劍隨時作戰。現在誰惹他，誰就倒楣：「哭啊？喊啊？叫你媽媽帶你去看醫生啊！哈哈哈！」。在 Simon 眼中，那些人是下賤的！

當年 Simon「沒有」玩具，因此今天來到晤談室的，是「只有」玩具的 Simon，而他是不會（對任何事）輕易放手的。放手，代表永遠的失去，自我的失控，最愛的失落，世界的失序……

便便裡的真實自我

回到「抓住」與「放開」的問題。發展上大約從十個月開始，小嬰兒便會因著身體的成熟而學會抓住或放掉東西，這種「支配感」的成就代表他能夠充分享受當中的情緒體驗，加上其中所蘊含的良好母嬰互動，小嬰兒便會有一種「真我」（true self）活著的滿足（Winnicott, 1941）。

早期對環境「抓住——放開」的支配感，會擴散到各種層面去，而最著名的便是由佛洛伊德提出的「肛門期」：大概從一歲開始，最晚到發展出簡單語言能力的三歲前，小孩一般都得學會不能像過去包尿布階段的隨意排泄！他最好先告知成人、學會忍耐、在適當的時間及地點才排出討（成）人厭的便便。因此「如廁訓練」便成為了一個涉及支配、自主、意志問題的親子戰場。舉個例子：有一位母親向我求助，在於她三歲的兒子突然從一週前開始忍便，以往配合好的如廁訓練都功虧一簣。我探問之下很快便發現，在孩子出現忍便問題前，她因為出國而把他留給外婆帶了五天，那時候他情緒不太穩定，不斷詢問媽媽什麼時候回來，而外婆也受不了他。由此可見問題是孩子生氣了，他以忍便（用肛門「抓住」那個母親討厭的、要求他按時排出來的便便）來向母親抗議，表達自己的自主與意志。

這就是佛洛伊德說「排便意味著跟環境作主動的妥協，拒絕排便則代表著對環境的違抗」的意思（Freud, 1905）。而我會說：便便裡藏有「真我」！

「抓住——放開」、「忍便——排便」、「擁有——放下」，這些早期與照顧者互動的品質，會成為日後人格與行為的基礎，所以 Erikson（1959）才指出：抓住，可以代表愛與恨的方式；而放開同樣，表示把東西丟掉的憤怒，甚至是消極的處理。換言之，「真我」若能健康地發展——從當年那條便便之上——，人們長大以後，也會有一種能夠支配、控制自己人生的信念與活力。

記得有一點是我和 Simon 都認同的，即他的許多行為或想法，都是為了保住真實且特別的那個自己。問題就在於，他無法忍受「假」存在的可能，然而「真」的自己往往是可怕又被世人嫌棄的。在現實裡唯一能夠控制的，便是玩具，這時候玩具便承載了某種潛意識意義，即小時候放棄掉的占據渴望、擁有的欲望。今天，蒐集玩具讓他感到安心，在能被掌控的物品上他彷彿找回自己的童年與自信。

沒有玩具，用偷的！便能找回母親

接下來我要以另一名少年個案的一個小片段，來說明「抓住——放開」的早期變體：偷竊。

有時候不必然出於負向的早期教養經驗，小孩也可能會「偷」母親的東西，比如偷用她的護膚品、偷吃放在盒子裡的糖果，偷拿她包包的鑰匙、錢包裡的金錢，他可能只是出於好奇、貪吃、測試母親的脾氣、關係的界線……當然，少不免潛意識的象徵式動機。以偷錢為例，一些情感成熟又有智慧的母親能夠克服「偷竊」行為在心中泛起的不適感與「他未來會成為小偷，因為小時偷針，大時偷金！」的過度擔憂，溫柔但堅定地跟小孩說道理，很快便會把財物拿回來，順道完成了定立家規與教育小孩的工作。如此，她便保住了小孩的自尊、讓他仍然知道自己「有權」去從母親身上拿取愛（金錢在潛意識中等同愛），同時又接受了新的道德與限制，明白這項權利不應該這樣使用。

然而，有些小孩確實是生病了，他一再、強迫、有計畫的偷東西，一如某位少年在治療時告訴我：

「小時候有段時間，我每次去雜貨店裡都會偷那種有小玩具包裹在裡面的糖果盒，應該有一年吧！直到有一次店家發現了，事後找到我爸，我被打罵了一大頓以後，才沒有再這樣做！」

在持續的分析探究下，我發現他原來不是在偷糖果，卻是在找他母親（的愛），因為每一次去雜貨店都是他母親陪同進去的，他都會跟她：「可以買那一盒糖果給我嗎？」，而你們也應該料想得到，她永遠拒絕——他和她在雜貨店中「失聯」了！

有趣的是，少年的母親在家裡卻是個「完美的母親」，在他的回憶裡，母親的眼神裡有個愛的宇宙。在數不盡的夜裡，他們倆會一直對看，直至安睡——這是個免錢的「全聯」關係。他原本是有權利去跟她要一切他想要的，有權利不用問就拿走（偷竊）她眼神裡的愛，只是這個克萊恩說的「全能幻想」或溫尼寇特（D. W. Winnicott）所說的「原始的愛」碰壁了！有見及此，這位小小偷便用偷竊的方式，來宣洩對他的母親的生氣，享受自己不被發現的熟練技巧，但在根本的意義上，他是以偷竊來重建他跟（母愛）世界的關係。這就是溫尼寇特為何說，偷到東西的小孩並沒有因此擁有或享受之，因為他們某程度而言並非要這個東西，也不知道自己為何要偷，卻是在找他的母親（Winnicott, 1964）！因為即便她就在身旁，但「他眼中的她」不見了！

一般偷竊的小孩都只是偷一顆糖果、一支筆、一個鑰匙扣，但這位少年的症狀特別在於，他只偷「那種有小玩具包裹在裡面的糖果盒」，為什麼呢？直到治療一年多以後，我們發現和認識到，她母親其實沒有想像中的愛他，卻是個自戀的母親，她從孩子對她的渴望中汲取滿足，但是：

「她沒有把你還給你！她就在你床邊，但你是孤獨的！」

我這句話打動了他。原來那個「全聯」式的愛，只是一個理想的錯覺，就像是他說到「我媽的眼神裡⋯⋯有愛」，而不是「母親有／是愛」。

這裡有一道閘門，愛被藏起來了，少年必須用他的渴望來通過母親的眼神，得先滿足了母親的自戀，才能打開這個愛的盒子。我想，這位少年跟母親的早年關係，那些你藏我躲、我偷你搶、你瞞我騙的種種，都確實象徵化為一個「有小玩具包裹在裡面的糖果盒」。啊！我想起他曾經說過一句：

「有時候，裡面那個玩具爛透了！」

少年以偷竊來表現了「抓住——放開」的早期變體，他偷來一盒又一盒的糖果，但裡面的玩具永遠無法等同母親的愛。Simon 則買下一個又一個的變形金剛模型，但永遠買不回當年那個七百元的變形金剛玩具。——彷彿這是對被母親所欺騙的憤怒所作的無盡安撫。

不能說出口的「不」

根據《聖經》，在耶穌被捕的那個晚上，門徒賽門．伯多祿（Peter Simon）三次被一些湊熱鬧看審判的人問：「你是不是他的門徒？我看過你跟他同一夥的！」，但他都否認了！雖面對最愛的老師，但在死亡的恐懼面前，他懦弱起來。幸運的是，賽門．伯多祿沒有被識破，只是在雞啼時他想起耶穌預言他：「在雞啼前，你會三次不認我！」，他便千般愧疚。

在回憶裡，當母親盛怒地拋出一句：「它是不是你買的玩具?!／這是不是你偷的糖果?!」時，面對著承認便會被退訂與痛打的結局，卻又心知肚明母親必然已知道答案之際，少年們的「不」被滅聲了——儘管他們真實地、或只在心中否認了三次。那麼，他們便因為無法「說謊」、無法「匿藏」、無法「保有」，又失去了自尊與意志而萬分羞恥。

賽門在買變形金剛以外，也常常想像一間他也許永遠都買不起的新房子，無論是用作獨居還是組織家庭也好。至於那位小時候跟媽媽對看而安睡了很多個童年夜的少年，亦一直想躺進某個吸引他的陌生女子床上繼續對看。只是永遠無法肯定，自己真正愛的到底是誰！過去的傷口像變形金剛或糖果盒一樣吸引我們一再注目，但在今天，心中那些羞怯與懷疑的感覺卻不一定是真的，抓再緊的也已經不再是當年失去的「那個玩具」、失聯的「那個眼神」了。如果我們過度保護自己、控制他人，難道不會導致再次的失去與失聯，而空得孤獨嗎？這大概是我們不認得我們該認得的，或認得卻不能說認得的那份恐懼吧！

1-3

霸凌，與自找霸凌的孤獨

在寫這篇文章的當下，是九月的開學季，而電視正在播放台灣某學校出現霸凌事件的新聞。這讓我回想起每每一個學生階段的過去，尤其是國中或高中那種理應灑淚懷念的畢業典禮上，師長們總是動情、甚至煽情地說：「這是你們往後的人生中，最美好的回憶！是你們離開校園以後，再找不回來的友誼時期！」也許對某些人的確是，但是對於被霸凌過的同學而言，誰想要這種回憶?!

當沒有人記得我被傷害過，這是活該的現實或夢境？

諮商中見到的受霸凌個案真的不少，典型得令人感到嘆息。有一位男士，國中時期因為身材肥胖，又不屬於所謂的陽剛氣質型，常常受到同學的言語挑侃與侮辱。有一回，他跟同學爭吵，沒想到對方跑去告狀，老師便氣沖沖地跑來教室懲罰他，卻沒有給他解釋的機會。後來，更把他從前段班調至後段班，往後的校園日子，想當然也不會好過。

這段二十多年前的回憶，到今天依然是夢魘般的創傷，他說：「後來有一次我回去學校，那位老師只是笑笑的跟我聊天，彷彿當年的事沒有發生過一樣！所以，我記錯囉?!」

如果開心快樂的回憶需要記得，那別忘了，傷心痛苦的，同樣地，一件有重要情感意義的事，若沒有他人的見證、看見、同理，甚至被相關的人士默默忽視與否認……臨床上會發現，這個痛苦的記憶就會漸漸無異於幻想或夢境。然而，這不是對記憶的潛抑，反而是區分現實與夢境的潛抑失效了，使得情感（如恨）變得沒有方向與對象地到處漫延，讓人對面這些回憶時彷彿置身矇矓的迷霧裡，整個自己被由恨意化生的毒霧籠罩，被嗆至咳嗽時向天質問：「難道我就是活該?!」

當然不是他記錯和活該！這是一種心理感受：當沒有人願意承認或承擔「當年」的責任之際，沒有人願意道歉，記得的人佯裝遺忘時，那個明明有方向、有對象的恨意，就會轉回頭傷害自己，讓人覺得自己不值得、讓世界變得不可信、讓關係變得過遠地渴望又過近地受傷。

如果能夠有「分擔痛苦，痛苦就會減半」這種成長過程的伙伴，當然最好不過。但實際的情況是，被霸凌者往往孤獨地承受著一切苦楚，因為在班級團體的奇妙運作的動力之下，很少有人願意為他而伸張正義，大家生怕站在弱勢的一方會害到自己也受霸凌。當這些不幸不斷負向循環下去，我們的心靈一定會受損——我們無法睡好，也無法好好醒活，因為一般只會在夜間潛入的惡夢已經在白天開演。在這種境況下，難怪受霸凌者會「難道我就是活該?!」地自疑。

活下來，然後穿一輩子的盔甲

另一端的情況則是，受霸凌者動用了各種手段、資源、技巧，化解了受霸凌的恐怖，或至少能夠以某種方式「活了下來」，儘管這常常代表他得在心裡建築起一整套過度嚴密的保護機制。

記得一位聰明的個案，在三十歲時談及國中的日子，仍然會心有餘悸：「如果你表現出不喜歡，事情就會演變成真的霸凌；我把他們想像成只是在玩，而自己也表現得不在意，那事情頂多是開了個劣質的玩笑！」當我聽到這段話的時候，我腦海裡浮現一位國中時最愛說無厘頭話的男同學的臉：在最初，班上有些男生覺得他「好玩」就常常鬧他，比如脫掉他的褲子、幾個人抓住他後，用他的下體去磨擦電燈柱、做壞事出了包都怪到他頭上。但由於他表現得「不會生氣」，所以他還是跟那群男生很好。後來到了高中，他突然奮力健身，只是以他矮小的身材，最初整個身材比例就變得很怪，這行為在國高中團體裡也顯得突兀；但至少，他以覆蓋全身的肌肉，去為自己穿上陽剛的盔甲（對！他又是一位因「不夠陽剛氣質」而被同學鬧的男孩）。從此，再沒有男生敢鬧他、敢去抓他（的下體）。近年來，他當上了一位健美選手。這是美好的結果吧？

由此可見，受霸凌的「恐怖」往往是真實的，只欠誰人以最卑微的心理，去點破「我正在被霸凌／你們正在霸凌我」的事實。如果那「只是」一個玩笑，沒有人會真的害怕，沒有人會在多年後還坐在諮商椅上回憶，也沒有人需要去行動（由焦慮所驅使），教壯碩的自己不再被「開玩笑」。或許「霸凌／質劣的玩笑」可以在客觀行為上有所分別，但這個讓事件成為一念之間而區別的一「／」（線）之差，卻是藉由一套複雜的心理防衛來達成的——在造成區隔的線「／」被壓縮至一個奇點「・」之上的時候，人們其實同時承受了彼此的內外現實，即對方內在的敵意、表面的偽善、及其間的矛盾，自身的恐懼、外在的佯笑、及實在的失調與無力……

每一位受霸凌者，都有自己存活必要的盔甲，只是這盔甲亦會帶來許多問題。一些臨床個案，即便在長時間的治療以後，依然會穿著這副盔甲，不讓治療師多去親近他的內心，而一旦治療師態度比較被動時，他又會投訴被冷漠對待，甚至於潛意識幻想中，是覺得自己「被治療關係霸凌」了。

精神分析有一種提問，對診療室的個案，或是那位健身選手，都是成立的：

「若是放下你的盔甲，你會怎樣？」

在理想上，如果個案能夠與治療師建立「治療同盟」（therapeutic alliance），一步步卸下武裝，從那個把「霸凌／質劣的玩笑」區分又封閉起來的點「・」慢慢掀開探索，即以自由聯想（free association）的談話方式，讓失落的故事與情感重新被尋回，那我們就能夠緩緩地走向成功的結案。然而，實際的情況卻常常是個案被某個事件，無論是他生活中的、或是治療中發生的，即如被古代的劍士般一擊地刺中那個教防衛崩潰與情緒爆發的要害點「・」，我們才得以一邊撫慰與修補，一邊瞭解與治療。

活下去的痛苦，映照人性最溫柔又脆弱的一面

很多時候，受霸凌經驗都是事後回想起來，才更清楚當時到底發生了什麼事——無論這是否就是事實。受霸凌者很可能會說：「啊！當時很明顯就是被針對，我沒有做錯什麼。」但心裡卻有另一個聲音在告訴自己：「應該是我做錯了什麼，才被大家討厭吧?!」這現象簡單來說，是由家庭中深具文化傳統的「超我」（super-ego）造成的：孩子的良心、自律與道德觀，其實是以父母的「那一套」為模型，而且它的價值判斷，總是能抵制時間的流變。家庭超我（family's super-ego）讓人們習慣把「懲罰、被罵、被打」這件事，等同於「我做錯事」！

承傳上一輩，許多台灣小孩（甚至是整個華人文化）都是在「被打故我錯」的氛圍中長大。不巧的是，因為小孩時期的我們，也期望有一個黑白、好壞分明的世界，所以受霸凌者即使再不明原因地憤怒，也很可能會自動歸因「壞學生才會被討厭→我被打→我是壞學生」。如此處理認知失調以後，那至少，他就知道該去改正，從而「活下去」。

臨床上，當回憶小時候被霸凌的經驗時，個案會處身於一種「無解的困惑」之中，可以說是因為當年所擁有的語言、思考、情緒成熟度，還無法形成足夠的心理保護膜。試想像，

就算今天被上司無理責備，但只要我們心中清楚自己沒有做錯、只是被誤解、是上司的問題等，我們便相對不內化那麼多負面言語，或聽進去以後能處理掉，不會造成上面所說「被打故我錯」矛盾。可惜的是，這矛盾心理在成年人身上，還是會發生！這正正反映了人性最溫柔又脆弱的一面：我們都渴望被喜歡、被愛、被肯定。

佛洛伊德說的「閹割」（castration），其實是一種小孩被父母懲罰，和剝奪掉愛的保證的焦慮（Freud, 1933）。隨著成長的路線，精神分析師溫尼寇特也強調小孩子進入學齡階段後，對愛的閹割焦慮，便會轉嫁至老師及同學身上，這使得人們都竭力地避免任何可能會被剝奪掉愛的可能。同樣，到了二、三十來歲的職場生活裡，人們便在上司與同事身上找愛。

可以設想，受霸凌的健美選手為何會伴笑迎人、被老師無理調班的國中生為何逆來順受。原來，活下去不只是純粹為了活下去，亦是為了不被討厭、不被拋棄、不被否定。

家長和老師都看不見的痛苦：自找霸凌的孤獨

由上文可以瞭解到，受霸凌者會持續受到霸凌的結果，而不是主動求助（當然，有時候是求助的聲音被忽略），往往是由不同心理因素所加乘的：因為恐懼情況加劇而被動忍受、處理認知失調、擔心被討厭而保持沉默等。不過，有些因素是更為潛意識的，不只家長和老師看不見，甚至受霸凌者自己也不自知的。

當一個孩子在學校變得「很難搞」，班導師或相關的老師往往因為害怕失控，便常常在弄清楚事情原委之前，就成為了施壓的一方。如果他們能夠發現孩子的原生家庭問題，則多數會多了幾分同理與關心，而避免了錯誤的管教方案。其中一種大家沒有把因果邏輯兜起來的事件，便是小孩子的改變與親人的離世有關：有一位少年，在小學時期因為姐姐突然離世，便開始變得沉默且孤僻，他說：「那段時間，我常常一個人在下課後，蹲在桌子下面哭」，而問題在於，他的國小同學們不懂，甚至一個個的前來取笑他的脆弱：「怎麼這麼愛哭！愛哭鬼！哈哈哈！哭也不用哭這麼久吧?!」，他的老師不知情，因為他的父母沒有告知校方家裡的情況——事實上，父母本身也因為女兒的去世而陷入憂鬱，無力於照顧我那位個案，更沒有察覺到他的改變，即小男生也會陷於悲傷的低谷裡。

溫尼寇特在一篇名為〈兒童的羞澀與神經質障礙症〉（Shyness and nervous disorders in children）（Winnicott, 1964）的短文中提到，一些變得羞澀與神經質的小孩，往往都是有著重大的心理困擾，在治療後才能回歸正常的校園生活。這讓我想起一位過度神經質的女士，她為了自我保護（原生家庭的創傷，及某些重要的失落），便會產生「對迫害的期待」的偽裝心理。這是什麼意思？她告訴我，在那段「被霸凌」的日子，某程度是因為自己當時態度囂張，而且一直跟同學說：「你們打我吧！我怎樣都不會痛、不會受傷的！」，想當然爾，後來造就了同學、乃至老師對她的惡言相向。在現實層面，這些小孩被迫害，因為他們「自找霸凌」，他們帶著潛意識的動機，把身邊的同儕或老師變成霸凌一方。

這就是溫尼寇特說的，某些小孩以做壞事的方式引發被處罰、被惡待，來處理潛意識中的被害妄想——這個心理問題的根源，一種「自找霸凌的孤獨」，往往要在治療中才能被發現。這種孤獨使得人們表現出「天不怕，地不怕」的盔甲，但事實上，一個不怕的孩子，「要不是吹噓勇氣的一種假裝，要不就是生病了」！

面對這種家長和老師都看不見的心靈困局，有什麼出路嗎？有的，關鍵在於小孩要有能力於外界看見那根植自己內心的「良善」（Goodness），如此，即使面對內心無解的被害感、恐懼、失控，他們仍可以感到心安與慰藉——啊！無論是那位蹲在桌子下面哭的小男生，還是那位過度神經質的「不會痛」女士，都有某種「自找霸凌的孤獨」，前者曾用光芒閃爍的眼睛說著：「很希望我的良善，能改變世界，世人會從中得到力量」來處理傷口，後者則在眼淚汪汪時道出：「我常常跟自己說，不管我有多糟，但至少我的心是很善良的！」——也許他們不知道當下在椅子對面的我，正被那份良善深深的感動著！

「自癒」或「治癒」的可能？永遠的路，或扶持的環境

在心理治療中，若要談受霸凌的傷口，就得設法將支離破碎的過去拼湊起來，將心理的歷史還原，就是看見和瞭解「當時的自己怎麼了？」以及「事件對今天的影響為何？」，才可能探索「今天，我們可以做點什麼？」來療傷。因此，有學者認為，我們不需要堅持向霸凌者，或任何關係中令我們痛苦的人，要求道歉與賠償；這在於很多時候，當事實或現實已經無法改變（比如權力的不對等，再碰不到，甚至當事人已經去世了），「過於堅持」只會讓自己陷入無盡又無效的痛苦之中。反而，害我們負傷的人，則絲毫無損或毫不在意。相對的，如果受害者透過投身社會正義的工作裡，以另一種方式去奪回公義的發聲權，並以此作自我認同，即以一種「揭露真相」的方式讓受害的事實轉化作別種意義，理應能讓自己活得更好（Herman, 2018/2015）。

受過的傷，不一定會有痊癒的一天；因此在受傷之前，我們應該著重預防與遏止。記得

小時候一次科學常識課堂發問後，我被老師恥笑，她沒有回答我的問題——事實上，直到學期結束時，我都不知道那個問題的答案是什麼——然後同學也一起大笑，讓我十分難堪，那段時間我不再敢於課堂上發問。直到懇親（見家長領成績單）那天，那位老師還要在我媽面前酸我一番，說我的提問有多笨且同學都在笑，都是上課不專心所致……我佇立在旁，完全不知道如何應對，但沒想到我媽溫柔且堅定的回應：「即使小哈理斯真的在那一刻不專心而把話聽錯了，但作為老師，你看到這個學生主動的提問，不是應該重新向他解釋？而不是跟全班同學一起恥笑他吧？」在為本篇作結之際，這件國小四年級的往事突然從我的意識邊緣中浮現。

很多人都有過不同程度與形式、主觀或客觀的受霸凌（劣質玩笑）經驗，但要是這個小孩得到父母、老師、朋友的看見與保護，那就是最好的驅散魔鬼的祈禱。由此，一個「彼此扶持」（holding）的社會、學校、班級、家庭環境，永遠比受傷後的心理治療來得直接和應當。

1-4

「我就爛！」一種真情告白式的防衛性孤獨

「我就爛！」迷因在二〇二〇年間風行，人們突然之間很勇敢地向他人表露自己從「我就爛！」一直到「我更爛！我超爛！我最爛！」的一面，但當中不知道有多少是真是假，或是真亦假時假亦真？這現象多少透露了人們真的覺得自己就爛、沒料、廢物般的自我感受與概念？

在學校上一堂「無能課」

回想小時候，尤其是對那些在家裡過得不開心的孩子，進入學校這個微型社會固然要學習適應新環境，但同時代表新的可能性、機會、影響力，因為那些有新的夥伴、朋友、師長。

小孩需要在父母之外、靠自己的努力去開創成就。如在學校的作業或表現中得到讚賞與肯定、或是能夠享受同儕遊戲與合作、跟他人建立友誼、擁有良好的師生關係……他便會得到直接的正向自我評價。換言之，小孩從勤勉與專注投入的活動中，發展出自己的「勝任感」（competence）：「努力是有回報的，我能夠應付、奮鬥、把事情辦好！」

相反，如果在學校的半天裡，無論是在成就表現還是人際關係上，孩子常常被責罵、嘲笑或拒絕，回到家又受到不理解的父母責備：「你怎麼這麼蠢？為什麼不聽老師話？交個朋友也不會？功課這麼爛是想丟我的臉？」那麼，他們很可能發展出深深的自卑與「無能感」（incompetence）——我想，這無疑是迷因「我就爛！」的一大心理根源。

這讓我想到我的一位表妹。雖然我們從小就在不同的地方成長，但由於我家很重視家族聯繫，所以每逢過節或時令，都會舉家回鄉，廣東。透過一年幾次的相處，表兄弟姐妹間的感情算培養得不錯。一直不太會唸書的她，在中學階段已經追不上課程進度，家族裡的大人指責她太懶惰、不用功、只管玩、交了壞朋友……但他們又不忍心她被退學，便一直幫她原校留學、轉學、花錢轉去更好的學校，大人們說這樣才能避開壞朋友。可惜她的學業成績依然沒有起色，我猜是為了應付那群「我為你好！」之名而百忙的大人，她後來才越來越自我封閉，並發展出各種說謊的技巧，這曾引發一波家族風暴。如此渾渾噩噩、拉拉扯扯，她完成了高中，但考不上任何大學的她又準備被送往香港去唸一些副學士或進修學程。

這幾年來從親戚口中聽到對表妹的評價，總是「沒救了！懶！自己不努力！不讀書有啥用？去端盤子吧！去掃街吧！」。某一年暑假回鄉，依稀記得是在唸研究所、去醫院沒日沒夜的實習之前吧，我跟她和兩個表姐到餐廳吃飯（謝天謝地！終於沒有那些只會責備的長輩在場），由於親戚都希望我能夠跟她聊一聊，「解開她的心結」，我便半推卻也願就地問：「妳希望哥哥說點話嗎？」，她點頭說可以。好！我便緩緩的說：「這幾年哥哥在台灣，越來越少時間回來，但我也知道妳很辛苦。我不管其他大人怎樣看妳，但我感覺妳其實很努力，也希望自己達成他們想要的那個樣子。也許妳努力過後，發現讀書真的不是妳能做好的，所以妳開始不跟大家講話、或者他們說妳欺騙了他們，但還是繼續走在他們安排的路上。我想你曾經自問：『為什麼我做不到？』，在過去痛苦的日子裡，妳開始交了些大人口中的壞朋友、夜唱不回家，但至少那些朋友懂妳，給了妳一點安慰與同理。哥哥從來不覺得只有唸書這條路，如果像妳說的喜歡唱歌跳舞，那我會很鼓勵妳去學，認真學成一種能養活自己、讓大人閉嘴的技能，如果妳還在想自己能做點什麼，那我們可以一起來想想。」

當我還在說的時候，她的眼淚早已滴滴答答的落下，然後她一邊涕泣，一邊告訴我，自己藏在心中多年的想法。另外兩位表姐在一旁安靜的遮上紙巾，和不讓餐廳的服務生前來打擾。

僅僅一次讓人落淚的「談話」永遠是不夠的，它最多只是微微鬆動了心結，讓她開始去思考一點改變；但一次教人落淚的「對話」，相信也足夠讓她知道自己不是孤單的，因此一些快不能忍受的痛苦，好像又由於被理解而多了一個安放的樹洞。

表妹也許不像今天的人們會公開說著：「我就爛！」來幽默排解，但她卻天天活在這在這種自我批判的無能之境中。

家庭價值的霸凌與被霸凌，你我都是

聽著表妹的哭訴，也讓我認清一種其實普遍存在於華人家庭裡的超我，好比「萬般皆下品，唯有讀書高」、「不會唸書的孩子就是壞小孩」、「考不到滿級分，前途就爛掉了」等的家規號令——我們，包括我們的父母，就是被這樣的價值觀，霸凌長大的。

由於從出生起就被內化與薰陶，所以每一種、每一次的家庭超我式指責，無論是針對誰人，早變成我們內心的批鬥大會！一如佛洛伊德說過（Freud, 1933）：

「事實上，孩子的超我不是以父母本身為模型，而是以父母的超我為模型。因此，超我是家庭傳統及所有抵制時間之價值判斷的載體。」

很多時候，那些在學校裡的霸凌者（惡霸型男同學、大姐大女同學），他們在家庭中也可能是一名「被霸凌者」——儘管家裡從來沒有家暴、衣食無憂、中產以上，但不代表「霸凌」不存在——，被家庭超我和繼承此潛意識結構的大人們，以言詞與關係，霸凌得遍體鱗傷，才會把心中隱而不見的傷口與恨意投射、演活、反制到外界去。

因此，理論上這些孩子的父母也是如此長大的，即父母也從他們的父母處，潛意識地繼承了抵制時間之價值判斷。我想起表妹的爸爸（我舅舅），是他的手足裡最不會唸書的一位，在中學時已經抽菸喝酒、跟著小混混逃學，聽說當年外公氣得追著他打了九條街。一想到這樣的父親卻在今天辱罵他的女兒「沒出色！廢物！你就當個壞女孩！」時，我們還能夠說什麼呢？

各種諸如說謊、偷竊、破壞等的行為，其實在小孩的道德良心確立以前，他通通都在家裡早就「做過了」，只是那時候我們不會說他「犯法了」！長輩們要是經得起孩子對家庭所做的各種衝擊，有消化和適當處理，那麼他就會安定下來，最終能思考「改過自身」（repair）而走向成熟（Winnicott, 1964）。然而，如果在家庭超我的霸凌下，人們變得無處可逃又無法反抗，無論是長輩還是小孩，其實就沒有人被原諒與被安撫過，沒有人能包容和經得起成長的考驗。

那些嘴巴說著人生大道理的長輩之所以「看似成熟」（背後也可能是一種「我就爛」），只是因為他們的面容長大了，和看著他們的小孩還小而已。

孩子往往在青春期冒現的不良行為，成為所謂的不良少年（delinquent），不過是對早期被家庭超我與其繼承者霸凌下生病了。而早期父母不恰當的照顧及由家庭超我所造的議題，便會蔓延到學校的學業、人際、情緒裡去，這些小孩無法得到老師的讚賞、被忽略、甚至常因為某事而受懲罰。

這些生病的小孩往往不是繼續成為霸凌的對象，就是成為一位霸凌者。同儕間的比較與競爭，會使得心中的風暴以更暴力的方式展現；而颱風過後，這兩端皆無法在求學階段順利與同儕建立良好與親密關係的孩子，長大後也常常缺乏知心好友，總是懷疑自己怎樣的行徑會招來他人側目。我曾有一位慢性憂鬱症的少年個案，作為小時候被霸凌的一方，他很容易討厭起自己來：「我就爛！應該不會有人喜歡跟我交朋友吧？」。事實上，經過長期的諮商，儘管他也有不少不良少年的言行，有時候也會氣得我倒抽一口氣，但我眼中的他仍然是一名很有個人魅力、內心善良的孩子，只是他被內心的自卑與無能感所淹沒掉，多少扭曲了他對世界的觀點，也把自己封存在安全的想像世界之中。

訊號不良的求救訊號

不良少年的不良行為，讓家人們叫苦連天，甚至惡性發展下去的犯罪或反社會行徑，其實很需要社會從中看見個體還有一絲希望。這邊的意義是，當孩子做出擾亂社會安寧、令人髮指的行徑時，很多時候其實是一個（反映了從小被家庭超我霸凌下的）求救訊號（S.O.S.），他在尋求一位「恩威並重」（a circle of love and strength）的人來重新教養他（Winnicott, 1964）。

從小缺乏重要他人給予「恩威並重」的教養，其面對家庭超我的求救訊號沒有被聽見時，孤獨無比的不良少年，只能夠一再透過肢體或言語的暴力來感受到現實中的人事物。也就是說，他讓他人去感受自己所排拒掉的恐懼，讓自己扮演起最具「威」（力量、暴力、權力）能的人，來等待一個不知道會不會出現的「恩」（愛、包容、理解）人來管治他滿載衝動與衝突的內心。

很可惜，他們發出的往往是訊號不良的求救訊號，我稱為一種「以違法為方法的求救訊號」（a delinquent S.O.S.），使得這個代表「希望」的意義很難被社會看見，更遑論能平心靜氣的理解，因為面對著暴力與惡行，大部分人的直覺反應便是排拒和譴責——這只要我們看看酸民在各種社會新聞下的留言便能體會。

只是作為心理工作者，我深信唯有讓情感成熟，或更好的說法是「有肉有血有淚，同時有理智有方法的人」去帶領心靈受傷的人去真實地感受彼此，去認識到外在與內在現實的真實意義，從而讓他們在早期照顧中還未發展起來的情感能力，重新走向成熟之路。這時候，他們心中才可能出現成長的指標，即「關切」與「罪惡感」，以及去「修復／改過」問題的動力。

縱使訊號不良，但求救訊號仍然是個訊號，問題在於我們如何去辨識它。我曾經聽過一個故事：一個平時能流利地說十多種外語、讓人無法分辨他是哪一國的人，在生氣的一刻，飆出的第一句話就是他的母語。因此，在最大的破懷性與憤怒之中，一定藏有我們正在尋找的答案。

同樣地，在我們氣憤地指責自己或別人，或被家人指責時，我們就能夠從中覺察一直迫害大家的家庭（族）超我的聲音為何——在我家，大概是「唔讀書你有撚用？（國：你不會唸書是有他媽的用喔？）」的價值論，在別的家庭也許是「現在大了，翅膀硬了，不用管父母的了！」的不孝論。

那你的家裡又是什麼？唯有先覺察它是什麼，才可能知道我們是怎樣被養大成現在的樣子，再找到療傷與改變的可能性。

解放真情告白式的防衛性孤獨

「我就爛！」迷因當然只是一道屏障，這個「肯定句」背後是對於「我真的很爛」的嘲笑式或無力的反抗，它以一種真情告白式的修辭，來作為孤獨與自我價值低落的防衛，彷彿說出來的東西會變得沒有內心所感受到的那麼真實。

可以設想，當某人說出一句：「我就爛！」，其時身邊的朋友如果認真的和應：「對呀！

你真的超爛的！」，這教誰不會生氣？可見「我就爛！」背後其實是一顆等著被肯定、被讚美、被認同的躁急之心：「我就讚！」。

有些時候，認為自己無能，跟自己真的無能，是兩回事！我們能夠先讓事實、經驗、鄰人說話？從肯定向的「！」，到疑問句的「？」——我就爛？真的嗎？那我為何會爛呢？需要怎樣的協助？還有，不爛的地方又是什麼？——這是重新認識自己的機會。

美國當代精神醫學的大師亞隆（I. D. Yalom）說過，大部分被個案列為一級祕密，無法跟心理師以外的人分享的，就是自覺能力不足、無能地虛張聲勢的那個自己——你我皆然，如此孤單地活在守祕密的、被家庭超我（操我）霸凌的心房裡，卻用一聲「我就爛！」洩露一次向鄰人求救的訊號與希望。

1-5

自戀地枯竭，人人都在歇斯底里

我在本章第一篇文章提及：人啊！是一再尋求他人認同的生命，因為歇斯底里（hysteric）就是我們的本質。政治不正確的說法，就是忙了一堆事，不過是為了博取他人注意，得到目光的主導權，甚至操縱起一場心理控制的遊戲。從最一般的社交生活中的誇飾，到媒體上的「博眼球、搶版面」，乃至表露出傷害他人的控制欲，如邪教與獨裁現象等等，有某種心理意義上，各人只是在歇斯底里的光譜上站駐於不同區域而已，但軸心都是一顆扭曲與膨漲的自戀心理，以及相關的幻想。

我試著從「正常」的一端來開始說明——好比一位男士，他在夏天陽光明媚的日子總要撐著遮陽傘，然而，他並不是真的在意皮膚曬黑，而是在心裡默默認定，在男生相對不會做防曬的華人文化裡，自己將會被凸顯、被注目而感到滿足；抑或者，他為了快速認識一位新朋友，亦不管對方喜不喜歡、會否有心理壓力，便擅自買了一大箱新年裝飾品和糖果，說要送給對方布置和擺放用；但男士心中其實有著某種操弄，即自己獨一無二的舉動，必然會成功吸引到對方。

另外，我曾親耳從一位女同志B的口中聽到她跟女同志N的首次約會故事。B女士其實在其他朋友間，已耳聞過N女士大學時期的社交表現，得到的不外乎「很愛發表意見，但感覺只是為了讓老師注意」、「整個教室都是她的聲音，彷彿在刷存在感」、「參加過一些地區的小型歌唱比賽，就以為自己是大明星」等的評論。然而由於她有著科學的求證精神，加上機緣之下，已經當上某公司小主管的N女士居然想認識自己，因此B女士便抱著半興奮的好奇心赴約。

在原本約定好的時間，N女士傳來因加班而會遲到的訊息，B女士便只好先找一間附近的書店逛逛。一小時後，B女士終於等到對方開著那台如她所散發出來的傲氣般的黑色賓士把自己載走。二人在初次見面的簡單寒暄後，B女士心想應該如說好的要去吃晚餐了吧？但N女士卻發洩情緒般的說起剛才工作有多勞累，下屬怎樣不濟，上司如何機車……「有點沒胃口！先去兜兜風吧！」既然對方都這樣說了，B女士亦只好強忍著飢餓感，禮貌性地點頭。然而，就在兜風的二十分鐘車程裡，N女士把車廂內的音響調至震耳欲聾的聲量，把窗通通打開，直接開了場個人演唱會，完全活在自己的世界，彷彿B女士是不存在似的。後來B女士受不了，就找了個「頭吹到風，身體不適」作理由，下了車，並自己搭公車回家吃飯。

你會怎樣理解這個故事？N女士工作壓力太大，以唱歌來抒發情緒，活在自己的世界裡，亦情有可原？精神分析認為即使人在獨處，但只要有所「行動」，就必然在心中設想了一個「觀眾」。因此，N女士的演唱會，即便還算是可被理解的「正常」人際行為，但在心理意義上，這也是一種歇斯底里式的展演。她以名車、強勁音響、「美妙」歌聲、工作中的辛勞、和最終把上司下屬都處理妥當的成就感，來渴求認同。她認為這些她自以為傲的，必然也是別人眼中發亮的寶物，所以她藉由陳列她所自戀的一切，以達到操縱人心的目標（你必然會迷戀我！）。只可惜，她遇到的B女士剛好也是位有點「公主病」的人，她最受不了的就是別人比她更自戀這件事。

「歇斯底里」傾向的人不只一再以自己想像的他人目光來評價自己，更會透過自戀的展演，如流行語所說的「吸睛行為」，來獲得認同。心理意義上，他們就是使用某種技巧，試圖控制他人的思想與行為，來滿足自己的自戀性目的。

那麼，更為「瘋狂」的自戀心理又是怎樣的呢？

我是神明，請膜拜我

嚴重扭曲與膨漲的自戀心理，就是人們會幻想自己如神明一樣偉大，是全能的（omnipotent）、全知的（omniscient）的存在，但他們實則抱持著幼稚、情感不成熟的自我優越感，既缺乏同理心，又享受著控制與或欺壓弱者的快感。

從最極端的例子來看，好比獨裁者及邪教領袖，他們總是以思想控制（mind control）的方式操控別人隸屬於和去滿足自己的需要。這些病態的「思想控制專家」不再是前文提及那種「有一點公主／王子病」或「別人應該都會覺得我很特別而喜歡我」而已，美籍精神醫學專家 **R. J. Lifton** 及英國精神分析師 **A. Storr** 指出，他們深信自己是真的得到天啟而獨一無二、理應擁有特權、絕對要被重視！但同時，他們又因著本身精神狀態的不安穩與心靈脆弱，繼而誘使或欺騙他人來崇拜自己，奉獻一切，把自己視為「再生父母」般重要。換言之，他們其實是透過征服、控制、輕視他人，來保存其隨時崩坍與絕望的自我價值，有著嚴重病理化的「自戀型人格障礙」（**narcissistic personality disorder**）。

在成長路途上，這群愛控制他人的極度自戀者，往往跟父母只有薄弱的依附關係。自小缺乏親密與信任的穩定關係的情緒壓抑下，他們可能透過反抗、對立、控制與欺壓他人來洩憤。人際或職場上的施虐者，把內心因著原生家庭而來的空虛與痛苦，作了一次逆轉，找來一個弱者（一如家庭中的自己）去承受無處可逃的暴力。而悲劇的發展是，因為自我的控制與攻擊欲望得到了滿足，便提供了施虐者自戀的補償，和變成可持續依賴的自戀補給站。

以精神分析的術語，我們可以歸咎於人們是擁有一顆病理的「誇大自體」，才會做出上述種種誇張的自戀事跡，待會我亦會詳細介紹這個概念，但現在讓我們先看看另一群人：很容易被自戀者吸引的人，到底是長怎樣的?!

需要神明的人，會找來神明來膜拜

我同樣從最「正常」的一端開始談——在生命中，你一定見過一些人耳根子很軟，常常人云亦云，順從他人，或是情緒很容易被鼓動，別人做什麼自己都要跟風，從團購茶葉到被推進直銷的萬元大坑之中皆然。或是我們自己也是會十分崇拜某人，無論是明星、藝人、政客、網紅、牧師、星座占卜師或宗派師傅，認為他講的都對，總是買他推介的、去他去過的、用他的觀點去過生活……彷彿人們自願被思想控制一般。

這讓我想起一位K先生，他在大學時便有一種自己會「發大財」的念頭，而且達到堅信不移的程度。由於跟他認識非淺，我大概清楚此信念是他的自戀心理所作的祟，因為他在學業上總是荒廢的，也不見得有什麼賺錢的才幹——他其實有著某種明顯的自卑，卻不讓自己意識到——加上他十分迷信，因此我只跟他說：「每個人都這樣相信（自己會發大財）呀！」。五年過去，他待過不同的公司，薪水也只是一般小資族般月入月光。唯一不同的是，他變得更迷信，去信仰一些「前世×潛意識×金錢法則」的師傅，不只一再跟我宣稱「師傅有多好多棒」，更於相關課程上擲了不少時間與金錢。某程度而言，他自願地受理想化的師傅思想控制。

這一次，你又會怎樣理解這個故事？也許你會認為這是社會上很常見的現象，人們本來就習慣「相信」某個老師，無論是健身的、補習的、理財的、買房的、宗教修為的、甚至醫師也好，而付出相對應的金錢，實際上也買來了服務、產品或參與感。只是心理學想知道的是，有這麼多人需要投身這場交易之中，背後的心理意義是什麼。人們很容易因為自身缺乏主見、自信、自發性，或因為外界的壓力、說服、團體規範，而發生暫時性的意志或思想改變。日本著名的精神科醫師岡田尊司（2020/2016）提到人們容易受到思想控制的原因，我整理出三個尤其重要：

(1)**依賴型人格：**因為缺乏獨立性和過度順從，使得人們習慣把事情交給別人來為自己做決定。某些華人習慣凡事求神問卜擲筊，先取得保證，否則不敢行動，正可能反映此人格特性。然而，背後亦反映他們可能從小就看著情緒不穩定的父母臉色來過活，他們在惶恐不安中又擔心被父母拋棄，這童年造就他們壓抑、被動與依賴的個性。

(2)**面對各種壓力與糾葛下的脆弱心靈：**於長期孤單、挫折、疾病、窮困或死亡等壓力糾纏之際，平日自我功能不錯的人仍可能被擊倒。思想控制者常鎖定這些懷抱怨意、罪惡感與挫敗感的目標對象並加以煽動，而人們一旦適應不良、不安與無助，為解決困境便容易不加判斷地聽從他人的暗示式觀點。

(3)**失衡的自戀心理：**思想受控制者，其實心中有著誇張的自戀心理，如抱持不切實際的成就大事的願望，同時暗藏缺乏自信的自卑，不願接受真實的自己。許多社團或組織，便是利用人們不甘於平凡的心理，鼓吹「只要信師傅就能改命」或「只要想，全宇宙都會幫助你」的自戀主義誘餌。

當上述三者湊在一起，就很大可能是臨床上所謂的依賴型人格障礙者（dependent personality disorder）。面對壓力而脆弱起來的人，帶著原生家庭的依賴性格，渴求一位全能偉大的人物來解救自己，這也是為何新左派或基要派的宗教團體，或是強調能快速致富的直銷團隊，總是在大學校園跟形單影隻的年輕人攀談關心的原因之一，因為他們「各取所需」。

雖然這裡彷彿有一種思想控制者對人們作出欺騙並從中獲利，而被控制者是甘願被人圖利的意味，但問題往往是人們的潛意識不會讓自己發現這個事實，因為依賴型人格障礙者在找的是一位能滿足其自戀需求的偉大人物、成功的標竿、生命的模範。因此，當我們好奇有著失衡自戀心理的人怎麼會願意一直服膺於某個「師傅」（master）之下、不就無法滿足其自戀時，也別忘記他們又由於內心自卑和缺乏自信，所以便如門徒尋求神明一樣的權威「主人」（master），或小孩牽著一位「理想化父母」般來完成自戀的滿足。

在這個意義上，有著「誇大自體」的自戀型人格障礙者確實很容易吸引到追求「理想化父母」的依賴型人格障礙者。在某種防衛的些微差異上，前者把自己視為神明，後者則把自己的非凡願望投射到他們身上，像一位信徒般，從中得到分受神力的自戀意義及救贖式滿足。

理想化的父母背後，是一片前殖民地的狼瘡與空虛

以前面提到的K先生為例，我們不妨進一步思考人們追求一位「理想化父母」的核心。美國的精神分析師柯胡特最早提出「理想化雙親影像」（idealized parental imago）的概念，在現象上，的確是指人們會追求、依賴、崇拜理想化的父母型人物，但背後要說的其實是在生命早期，孩子為了於精神內保住「全然自戀完美體驗之喪失部分」（the lost experience of global narcissistic perfection）而日漸產生的自體（self）缺陷，他說（Kohut, 1971）：

「由於所有的幸福與力量都存在於理想化的對象身上，所以當小孩跟這理想化對象分離之際，便感到空虛與無力，才試圖要與它保持連續的結合」

無可否認，人類最初所擁有的幸福與力量，都是與主要照顧者（父母）綁定在一起的。然而因為一些事故，如照顧者的突然撤離，從真實的死亡、生病住院、疏忽照顧、家庭離異，以及情感上的抽離——精神上的生病，如陷入憂鬱而無心關注小孩，或有自戀型人格而無法把「好與良善」還給小孩的父母——所造成早期關係的重大缺陷，便使得還未建立

起穩定心理結構的、仍然跟主要照顧者綁定的「自體能量」，即那種讓人覺得「因為有你，活著很棒！」的生命力，都一起抽空與撤銷。這種與自戀性質的童年創傷，就像殖民者在撤離時把一切社區建設都通通拆毀，不留下什麼共融的文化財產，甚至還帶走原有的資源。

這樣的人是孤獨的，他一個人被遺落在失去「好主人」的前殖民土地上，獨自面對一片狼瘡的空虛。

為了應付這種內——外難分的剝奪、無力與空虛，人們就得在幻想中建構一個「完美的父親或母親」好作為補償手段。可是問題正在於，幻想中的完美雙親是沒有缺點的！因為人們也不願意承認他們有任何不完美之處，所以這個「理想化」歷程或防衛只能夠一再延續，成為人格障礙或慢性精神問題的根源。

若缺乏足夠的自我覺察、生命歷練帶來的領悟或心理治療的協助，人們可能會一輩子追求著外在的全能力量代表人物，透過認同他們或得到對方的認可，來重新取得當初因綁定於父母而一去不返的幸福與自體力量。

我想到一位女個案 Doris，小時候便失去了母親的她，持續抓緊著一個依稀記得的母女美好回憶，不斷告訴自己的母親是多麼完美的女人，且她有多愛自己。同時，Doris 在現實中理想化某位修女，覺得對方說的一切都正確無誤，即便作為她長年治療師的我認為那位修女根本不理解個案的心理困境，只會給出無用又值得斟酌的建議，但任何跟修女相處上的不適感，都快速被個案視作自己的錯，是自己不夠信德所致，修女說的做的都是「為了她的好」的愛意。如此，她就保持了修女的理想化影像，也從中得到潛意識的自戀補償——直到以分析治療的方式修通了她對母親完美的幻想，且某程度而言我也成為了可被依戀的「母親」以後，我就再沒有聽過修女的故事了。

誇大的自戀背後，是對前殖民地殘破的榮耀眷戀

除了追求與崇拜一位宛如有神力的父母人物之外，在小孩跟童年的主要照顧者融合而未分化之初，卻受到無可避免的情感撤離或衝擊時，人們亦可能以另一種完美的幻想影像來彌補這個空洞。這次不是完美的「理想化雙親影像」，卻換成自己是完美的「誇大自體」。

柯胡特指出「誇大自體」（grandiose self）是一種自戀誇飾且具表現癖（exhibitionistic）

的心智內容物（Kohut, 1971）。這「誇大」或「表現癖」特質，在現象上，其實是指各種尋常的生活現象，好比從小孩子唯我獨尊的世界觀，被誇獎時無遮掩的爽快，小學時對習得新技能的炫耀，在教室舞台上要求被肯定的「中二病」，到成人對自己的成就最溫和內斂的滿足等等。然而，病理背後要說的其實是，由於這種自戀性質的童年創傷，使得自戀性人格障礙者在浮誇的情感表象與控制欲之下，其心智又模糊地「決定與人疏離」。

這是什麼意思？

他們並非在意識上自覺沒有能力去愛，或擔心受到傷害；相反，他們十分渴望親密關係，甚至是社交場合中的主動方，在愛戀中亦能夠付出。只是說，他們又默默感知到自己的內在資源有限（因為完美的力量在童年被抽空），一旦在人際關係中受到太大的自戀性挫折，其脆弱的心靈便無法承受。所以他們於潛意識裡對自己的脆弱性退行、無力、挫敗，有一種外人難以理解的「評估」。

有趣的是，由於自戀型人格障礙者亦不是明確地意識到自己的自戀性脆弱——也許能感受到其可怕的存在，卻始終無法「思考」它——，因此，他們總是徘徊於與人靠近和因而受傷之間，卻不知原故地屢試不爽。

這情境就像是人們在前殖民者拆毀一切建設的撤離以後，便對眼前的挫敗發動一波榮耀的眷戀，為那些頹垣敗瓦貼上「文化遺產」的標籤，幻想自己身處的這片土地從過去到未來，都是如此的「完美」（端看人怎樣去定義）。是的！這人也是孤獨的，他一個人被遺落在殘破的前殖民土地上，獨自把空洞的白，幻想成一片美好的光影。

這讓我想起另一位男士，他是同學眼中的交際花，總是很快在新環境中找到自己的小團體，且常常是團體中的核心成員。然而，他亦只能夠跟他人保持表層的良好關係，一旦加深認識，便往往吵架離場，這樣的人際關係模式持續了許多年。當中的問題就在於他被自己的「誇大自體」驅使，最愛出風頭的他，總是潛在地要求別人的崇拜，並要控制整個小團體內的文化與價值——對於不是抱有「理想化雙親影像」的依賴者而言，教誰能夠受得了呢？

在這些事情裡，這位男士有一個讓人費解的習慣，就是每天結束後，他都不要走八分鐘的腳程回家，卻要坐上一輛至少花半小時才會到家的公車。這時候，我想起他說過：「每天都感覺好累，好像只有坐公車的半小時我才能夠放鬆，不用跟任何人講話，只管把耳機調到最大聲！」後來我終於理解，不走一條會遇見熟人的路，卻選擇在公車上放空，那便是他潛意識「評估」後的疏離決定。

當然，在最為極致的防衛底下，人們的誇大自體會讓自己成為唯我獨尊的「思想控制專家」，成為可怕的鄰人、欺壓者、獨裁者、邪教首腦。

附加價值，作為理想化父母與誇大自我的扣合點

當我在談什麼自戀、誇大、理想化的詞語時，其實是指涉一種心理現實，但在社會的日常生活中，這些受苦於「自戀型人格困擾」（narcissistic personality disturbances）問題的「理想化雙親影像」自戀者與「誇大自體」自戀者——也可以說是在「依賴型人格障礙」與「自戀型人格障礙」者之間——的互補工具、相互吸引的現象，又會怎麼呈現出來呢？

讓我們回到文章開頭提及的歇斯底里作為一種生命本質的問題：我們從襁褓時期就學會做盡各種展演，以誘惑他人的目光，力圖征服別人，得到他對自己的愛。在這個場景中，本來就假定了兩種面向：

第一種是(1)展演的嬰兒「應該」得到完美母親的愛，以及母親「應該」要愛展演出完美

的我；另一種則是(2)得到完美母親的愛的嬰兒我「應該」是完美的，我「應該」是完美的所以才得到完美母親的愛。

這兩個面向，我們可以以網紅與粉絲（以往我們稱作偶像與追星族，但兩者性質上我覺得還是有許多差異）的關係來思考。

今天社交媒體充斥各種吸引注目的「吸睛」影像，從文青型帥哥美女、賣肉的男神女神、健身猛男窈窕魔女、到其他走假鬼假怪路線的網紅……沒有人不是為得到按讚分享而貼文的，這凜然是個歇斯底里的時代。換言之，從小嬰兒開始就誘惑、吸引注意與獲取認同的歇斯底里質地——我們觀察父母，認為他們不落在我身上的目光，就是不喜歡我，在此不滿的自我評價裡，自我認同出現了焦慮與不穩，因此，人們以更多展演來誘惑更多目光的注視與喜愛——也許就是網紅與粉絲的關係質地的根源，但在社會上，這個相互吸引的東西叫作「附加價值」！

好比人們追蹤某位ＩＧ網紅，常常在版面留言或私訊給對方。如果網紅回覆了，粉絲自己彷彿就得到某種別人得不到的附加價值而滿足，因為這就是一種注意與認同（「得到完美母親的愛的嬰兒我應該是完美的／我應該是完美的所以才得到完美母親的愛」）。但與此同時，粉絲潛意識中也嫉妒對方才是網紅而自己不是，因為直接得到認同的人是他，而自己所得到的認同是需要先付出關注的。因此，網紅要是哪一天已讀不回、略過留言、回應的熱度不如往昔，潛意識中在嫉妒的粉絲，便開始想像對方可能默默討厭自己、拒絕滿足自己小而卑微的期待。這些想法回到自我觀察或評價中，便是「你看你多爛，曾經會跟你互動的網紅都不理你了！」，最終演變成一種沒有人願意喜歡自己、認同自己而失落，產生憂鬱的苦悶感受。「附加價值」的失落，印證了世上沒有一個願意成為補償自身空缺感的人。

然而，事實上許多網紅也跟粉絲經歷著類似的事，因為粉絲追蹤人數，與每則貼文的熱度，已經成為了他（她）的父母目光的代表，即他同樣在索求一種顯得自己天生就跟別人有點不一樣，（較另一位）能夠和值得吸引到更多注視與愛的「附加價值」（展演的嬰兒應該得到完美母親的愛／以及母親應該要愛展演出完美的我）。因此，他必然會嫉妒得到更多粉絲追蹤人數與互動熱度的別位網紅——儘管他自己絕少回覆訊息，因為確定會得到的注視已不再貴重，卻渴求還未得到手的那些。哪一天照片或影片的按讚與分享低於預期，網紅心裡便開始擔憂，因難以忍受失去粉絲（父母目光）的關注與認同，漸漸他也苦悶起來。為了處理這個憂鬱的空缺感，他就會回到潛意識裡，即小時候觀察父母的反應般思考到底要怎樣展演才能誘惑到更多目光：多語症、奇特的動作、圖文不符的驚奇、沒有盡頭的限時動態，或脫掉更多衣服……吸睛為重！

若我們繼續向病理的一端探索，便會發現「網黃」便成功以真的脫光光，以其身體影像來直接誘惑起他人的性興奮，來得到自戀的滿足（愛、欲望、金錢、附加價值），而他（她）也成為了真實的：歇斯底里！

由此可見，每一個層面中的兩個「應該」，分別代表了網紅與粉絲的兩種獲得「附加價值」的潛意識幻想。「理想化雙親影像」自戀者與「誇大自體」自戀者的互相吸引與需要，總是以「附加價值」的方式呈現，出現在各種社會現象之中。

把成長的力量，都花在維持一個幻象之上？

上文列舉過的許多男男女女，一邊生活得過分用力以滿足自我，一邊隱約體悟到內在難言的空虛與憂鬱，對工作與生活缺乏熱愛，卻也遲遲沒有面對與處理，因為只要跟人建立起某種能滿足他自戀需求的關係，好比對方真的覺得他是特別且吸引人的，或是跟厲害的別人在一起的自己也很棒的，這些負面感受就會暫時緩解，就像是一顆能插著電源來使用、但其實已經衰退得難以充電的電池。

這顆充不了電的電池，就像是自我枯竭（ego's depletion）的自體困境，是源於他們既要對抗「誇大自體」不切實際的要求（要覺得自己最棒，但這個想法又顯得太愚蠢！），又要抗衡內心對一個強大且外在的自尊提供者或其他形式的情感寄託者，即對「理想化雙親影像」的強烈渴望，因為這種需要依賴他人的脆弱感受，會讓他們從焦慮地與人連結的興奮感中，突然跑到自己厭惡的一端，一種凸顯內心的羞恥、鬱悶、空虛、對失去所愛的孤獨之中。

也許生活中的修女神父、師傅師兄師姐、朋友群、某種宗教信仰或社團組織，的確提供了不少生活建議，亦確實對我們有所幫忙（事實上，他們至少在自戀滿足的層面比心理治療所幫的忙大很多，甚至費用也比較便宜），但這不代表我們要放棄思考的能力，讓別人來為自己的幸福與力量規劃路線。

對於擁有自戀型人格困擾問題的人，他們的力量總是被卡在用來維持一個如虛似幻的「自體」或「雙親」完美影像——要麼讓自己成為發出誘惑，讓他人給予附加價值的小孩，要麼永遠追逐著炫目但常常竊取我們自主力量的別人——，才無法把力量用於發展情感成熟的人格。

我不知道社會能不能夠對於有著自戀型人格困擾的鄰人有更多的同理與耐心，但正因此受苦的人啊，看見自己的童年傷口，總是您成長的契機：認清過去的幸福也許不會回來，自己也不必活在自戀之幻想之中。

1-6

相愛很難，自愛更難——下一站，廢墟自我站

二〇〇二年，梅豔芳與張學友合唱了一首由林夕填詞的〈相愛很難〉，副歌是這樣的：

也許相愛很難　就難在其實雙方各有各寄望　怎麼辦
要單戀都難　受太大的禮會內疚　卻也無力歸還
也許不愛不難　但如未成佛昇仙　也會怕愛情前途黯淡
愛不愛都難　未快樂先有責任給予對方面露歡顏
得到浪漫　又要有空間
得到定局　卻怕去到終站

然後付出多得到少　不介意豁達　又擔心有人看不過眼

短短幾句歌詞，已經把人們在面對愛情之前、之中、之後，內心所存有的種種矛盾與疑惑，表達得淋漓盡致。不過，這邊的「難」仍然是意識上的，而精神分析看的是那個讓人們覺得「難」的潛意識根源，到底在搞什麼玩意。

有兩種人會覺得相愛很難很難，他們總是受到潛意識的影響而無法投入關係，更正確而言，是在單身與交往之間，不前不退地徘徊；事實上，當愛情來臨之際，並非每個人都會歡迎它，原本渴望它的人，亦可能孤獨地逃離現場——他們是活在玻璃罩之中的「內心恐懼者」，與守著一個空瓶子而活的「缺乏自信者」。

相愛很難？且看潛意識的恐懼與缺乏自信

一些極為投入各種活動與工作之中，看起來十分自足自滿、自認無需愛情的人，其實內心充滿對自己的恐懼。即使他們確實有著一定的才華或優勢，有著「單身的本錢」，但背後仍然可能是一種自我的逃避——逃避去面對自己有否真實地愛別人的能力！

這些「內心恐懼的人」，努力塑造別人對他們的美好印象與幻想，比如一直在社交媒體發放「美好生活」的男神女神照片、「事業有成」的自我肯定文章、「藝行文青」的品味生活文字……以完整無缺的生活，勾起別人對他們的羨慕與嫉妒，以掩蓋「我有所求」的方式——因為一旦承認，就等同把自我膨脹與有所嫉妒的遮羞布給刺穿——來誘惑別人來喜歡自己。換言之，他們自欺欺人地逃避內心的孤獨和恐懼。在誠實的夜裡或山上，他們知道自己過的只是一種挫敗與虛偽的日子，就像是活在玻璃罩之內，真實地冷漠，優雅而隔離。

一位常奔波於大大小小的社交活動中的女士 **Angel**，表面上她不只樂於交友，斯文端莊的她更總是笑臉迎人，受到眾人的喜歡，確實塑造出別人眼中「天使」的美好想像而不乏追求者。然而，她的個人生活卻是混亂而邋遢，面對那些多年的好友們，卻是以「唯她獨尊」的態度來相處，好比在約會時，她喜歡放鴿子就放鴿子，或喜歡聯絡時便凌晨時分連打十幾通電話，吵醒別人要聽她講話。

在探索 **Angel** 的潛意識過後，會發現她內心其實缺乏接觸真實的情感，所有花枝招展的外在，僅僅是悲傷的帷幕。帷幕背後，她要感到自己是舞台中心的重要人物——然而，愛情關係卻是讓另一個人，成為自己眼中最重要的那位——因此，即使她有試圖戀愛，在意識上也渴望戀愛，但在眾多的追求者之間，她不過在玩一場不能捕捉到內心恐懼的捉迷藏遊戲：找到的都是有女友的男生，乃至有婦之夫，然後，跟他們欲斷難斷地曖昧。

另一種覺得「相愛很難」的人，則是缺乏自信的人！他們常常怨天怨地，說找不到人來愛，或沒有人要來愛自己，但其實內心缺乏自信與安全感，覺得自己不配或不值得被愛。即便他們有著客觀上的優越外在或才能（不是「內心恐懼的人」那種刻意打造的），但他們打從心底不相信自己真的能夠吸引他人，亦不認為自己能給予別人什麼。

要是說他們在逃避什麼，便是逃避別人真的愛上內心已被蹂躪、無能、毫不可愛的自己。因此，缺乏自信的人會在愛戀之前，便已經「怕愛情前途黯淡」，以及擔心著要「面露歡顏」的責任。

如果說內心恐懼者傾向於「無法戀愛」，那缺乏自信者便傾向於「屢愛屢敗」，換言之，他們在愛情中一再受困於潛意識因素，促成或達成了每一段關係的告終。

好比一位男士 Morris，他有著所屬專長的傲人才氣，很成功地吸引到同屬商界的一位貌美女士追求他。然而，內心缺乏自信的他，其實自認配不起對方，於心中一再擔憂正式交往以後會發生的悲劇，所以他多次追問女士為何會喜歡他，也許二人需要更多時間去認識。結果，女士因為受不了他的自疑與遲疑而離去。可以說，潛意識中是他自己激發別人的拒絕，讓自己走上失敗的路。

若誠實面對自己，缺乏自信的人會知道無論外在自己或別人眼中的自己有多美好，但其內在不過是個空瓶子——Morris 自卑地守著這個空瓶而活，既不希望玻璃被外頭的眼睛看透，又希望得到愛人告訴他「空掉，我也愛你」。然而，由於人們缺乏自信到無力承受愛人因為看見他的「空」而離去的不安全感，所以他們經常從一開始就潛意識地操縱起一場失敗的愛情：從選擇之初就選了個不可能或錯誤的對象（如同志明知不可為仍要愛上了直男），從交往之際就發覺性格不合但仍要繼續（如先苦苦追求對方，又很快因為不適合而分手），或是從肯定的愛情中突然讓路（如在心中突然浮起「如果你找到更喜歡的人，就走吧！」的意念）。

玻璃罩裡外，都是「不想輸」的遊戲

在心理學的現象上，也許活在玻璃罩之中的「內心恐懼者」與守著一個空瓶子而活的「缺乏自信者」，都是從一開始就潛意識地選擇了不可能的對象，才使得關係無疾而終，或根本無法踏出戀愛的一步。但兩者的意義是不相同的，這值得精神分析工作者仔細的作出分析。

回來 Angel 這案例，她其實是潛意識地迴避著真實的愛情，因為她恐懼於「受太大的禮會內疚卻也無力歸還」那些真實的情感，相對之下，雖然那些非單身但投入曖昧的男士們確實無法回報她真實的愛情，但他們也不自覺地成為 Angel 她自身無力去愛的投射品。在某個意義上，她是深深地感到那個有欲求、有不能言明的盼望、必須成為主角的自己「太恐怖了！要求太多了！沒有人會愛上真實的我！」，才又把那些可能會真實地愛上自己的單身漢，甚至是那批有婦之夫，都通通退掉——只是對這件事，人們往往沒有意識，他們只是一再折騰於自己是否卡到陰才一直遇不到「單身×愛自己×好對象」這個完美組合。

而在 Morris 身上，他其實在真實的愛戀之前，便開始為分手倒數，他已經在「怕愛情前途黯淡」。往往在意識上，他們認為自己是被命運作弄的犧牲品，亦雖然如同「內心恐懼者」

一樣不相信有人會真心真意地愛自己，但這個想法的背後原因，其實是他真切地懷疑自己的價值，懷疑自己愛人的能力。在潛意識中，他確實有所欲求，但又害怕愛人真的愛上害怕承諾的自己，因為這必須要冒一個分離、被拋下的風險，且這個風險他們已經在幻想中預見了。因此，如果選擇的就是不可能的對象，那最終就算愛情失敗，也是潛意識中預期之內的事而能夠及早防備了！

Angel 渴望激起對方對自己的欲望，卻又害怕對方真的欲望自己以後，自己無法歸還真實的情感；Morris 也渴望成為對方的欲望，但除了害怕自己沒有能力去愛，更害怕真實接觸後的分離。可見，二人內心都自覺齷齪，內心的墨汁必然會沾汙純白的關係。那麼，在潛意識的影響力之下，我們可以說「內心恐懼者」與「缺乏自信者」，兩者都只是玩了一場「與愛碰到邊的遊戲」（a 'border-love' game）嗎？我們暫且這樣思考，卻又發現這場遊戲是沒有贏家的，它可以有很多種玩法，當中的樂子亦不少，但至多只是一場「不想輸」的遊戲。

我們說過前者在意識上，擁抱著自欺欺人的優越感和防衛掉對愛人有所嫉妒的心，這種純然對「被愛」的要求，其實經不起對方反過來的愛的要求：「內心恐懼者」會馬上恐懼起來，因為「去愛＝將會輸掉自我」！去愛，這怎麼可能呢？活在玻璃罩之內的他或她，本來只期待「被愛」而未曾想過「去愛」的樣貌，況且，他一直缺乏接觸真實情感的能力，就算可以把對方放在舞台中心一下下，但是——他恐懼，恐懼自己不是主角，恐懼愛人在聖地中發現真相，並隨時把他視作不潔的痲瘋病人一般趕下台。

後者，則是在懷疑自己的價值與愛人的能力之上，自我預言著一個失敗的結局，是不敢去冒這個「必然的」分離與拋棄的風險，因此面對求愛，「缺乏自信者」會立即喪失自信，逃避起來，其潛意識中的念頭往往是「接受關係＝將會被糟蹋」！被糟蹋的意思在於，他們還困於上一段關係的傷痛之中，而無法開展新的關係。背後的原因，是人們已經預料會被新的愛人拒絕或拋棄，一如過去的遭遇。同時，他們也無法去愛，因為在「接受關係＝將會被糟蹋」的信念中，先去愛的人亦等同輸掉，然而——他們「不想輸」，甚至藉由成功預測了失敗的結局樣貌，便使得自己在敗北之際，得到一種精神上的「先知式勝利」。

前者如精神分析師 **Reik**（1944）所說，深懷恐懼的人是不可能放心去愛的。這乃由於，他不想（再）輸！而後者則是那些舔傷口的人，是不可能與人相愛的。那也許是因為，他不想（真的）輸！

不想輸的預許之地：下一站，廢墟自我

「內心恐懼者」與「缺乏自信者」所玩的這場不想輸的「與愛碰到邊的遊戲」，果真沒有輸家嗎？他們之所以不想輸，難道不是預期了輸掉的恐怖嗎？而這個恐懼的答案只有一個：回到孤獨一人。

孤獨一人有什麼可怕的呢？那我們就要從愛情的感受冒起之初開始談：愛情，源於對自己的不滿。生動一點來說，人之所以會墜入情網，在於那是一個重力網，而且重力的大小，是根據人們對自己不滿的質量而定。

在生活或臨床工作中都能觀察到，愛情出現之前，人們的內心充斥著不安、驚慌、焦躁、不滿足等負面感受，簡單而言，就是討厭自己當下的狀態。某程度的確可以說，愛情，是逃脫自己的方式之一，以解除自我嫌惡與厭倦。繼而，一個與糟透的現況不同的「理想」，被置放於快將成為愛人的那位真命天子（女）身上。

冒起愛情的人眼中，對方擁有他所渴望的各種美好價值。為此，面對愛慕之人，人們的自尊多少會顯得低下，在更深的層次，那是一個被厭惡的自我。這就是為何往往在沮喪失意之後，對愛情的渴求便會迅速藉機浮現。正因為愛慕之人代表了那些自我沒有且渴求的「理想」，所以只要能夠跟對方在一起，低下的自尊就能重新屹立：我被這麼完美的對象所愛／這麼理想的對象居然接受我的追求，所以我也是很棒的！

然而，我們可以從這種「價值」的對比中，窺見愛情的路途有多麼波折。首先，自我必然會面對低自尊的問題：如果人們過於缺乏自信，被不安的未來所嚇怕，即覺得高攀不起對方的話，那不管他對愛情的渴望有多大，仍然是不敢去愛的。一旦他自尊和自信的低下是源自上一段關係的糾葛，那麼要他重新踏上情路，就得耗費更多氣力，「好累！算了！不戀愛了！」成為不敢去愛的助詞。

再者，被仰慕的對象既然擁有人們所渴望的美好價值與理想，那就一定會激起其自我（潛意識）的眼紅、憎恨、忌妒與嫉羨：人們必須克服那些美好特質不屬於自己、而是為對方所擁有的強烈感受，再把擁有的渴求，轉移到愛人身上，把心中的舞台讓給對方。否則，他也是不會去愛的。

玻璃罩裡外的兩者，面對的困境正是如此！

若是一個人動過情，最終卻因為相愛很難而面臨分別的時候，他會遇見什麼？原來自己仍舊的不被愛，（重新）遇上那些自我嫌惡、毫無自信、自尊低劣的「谷底價值」。換言之，

面對愛的失落，那些曾經因著勇於去愛或接受被愛而被克服的「無價值」、「自我嫌棄」與「就對方比我好的憎恨與嫉羨」，都一一回歸。

在單身與交往之間徘徊的「內心恐懼者」，由於他們仍然幻想過以理想形象來誘惑他人喜歡自己，以及對方會給予真情的成功景象，因此即使沒有「實際名義上的交往與分手」，關係的結束本身亦已經是對他或她，缺乏愛人能力的缺陷與內心的邋遢的肯定句。同樣的，「缺乏自信者」在遲疑之舉下，仍然幻想過「也許這次會成功」的美好未來，所以，即使在曖昧階段已經相互告辭，但亦是對他（她）因著被拋棄、被糟蹋、輸掉下，只能夠獨自去舔傷口的諷刺。

最終，人們發現自己因「付出多得到少」而感到被虧待，但也許，我們都可以（裝作）「不介意豁達」，只是心裡默默「又擔心有人看不過眼」。

如果人們是在某台以「對自己不滿的質量」為燃料而行駛的列車中，漸漸抵達「愛的重力網中心」站，那在愛情結束之際，列車便是轉向愛的邊陲（'border-love'）地區，我想這時候車上如果有廣播，應該會說著：「下一站，廢墟自我—**Next station: Wreckage-ego!**」

只可惜，這是各位旅客都不願意下車的孤獨尾站。

相愛很難，就難在對自己張開雙眼

相愛，很難，所以林夕在最後一句歌詞是這樣寫的：

無論熱戀中失戀中
都永遠記住第一戒
別要張開雙眼

彷彿我們不必把事情看得太清楚，甚至要裝作看不見，才能夠繼續「將戀愛當做終生興趣」，不讓「熱戀很快變長流細水」。這當然有一定的道理，一種人與人之間不言明的妥協之道，然而，精神分析亦要指出，這亦是自我一種潛意識衝突的妥協之舉。如此，我會說：相愛很難，就難在對自己內心的廢墟，張開雙眼。

如果在中世紀的寺院中修行，即使我們不願意細察「廢墟自我站」的風光，但那種神聖、祈禱、內省、覺察的氛圍——更不用說那些嚴格又怪異的神師與修女——也多少會讓人慢下來，對沿途景致產生好奇。只可惜，今天我們一張開雙眼，便是拿起手機，去看哪個網紅拍了什麼肉照、哪個 YouTuber 上傳了好笑的影片、社交軟體有多少人給自己按讚留言，和打開旁邊的交友軟體，細數有多少男男女女想要跟自己調情做愛，汲汲營營地抓住某種慰藉與保證。

「好友萬萬睡」（friend with benefit）、「開放式關係」（open relationship）、「一日戀人」（one day lover）、「濕聊」（dirty talk）、「玩開心的」（fun）……這些當代科技所帶來的性關係改變、新的生活模式與修辭，總是以某種排除鬱悶、無聊與挫敗的便捷爽快，無疑讓人們持續張開雙眼地，卻對內心緊閉雙目：

> 無論熱戀中失戀中　都永遠記住第一戒　定要（對手機）張開雙眼

因此，當 Reik 提醒說：自愛得太少，愛別人的能力就會受損；我們跟別人間之所以很難相愛，都只是我們跟自己衝突的反映與表現而已。我想補充的是，自愛（self-love）並非負面和罵人用的自戀（narcissism），而是願意在「廢墟自我站」下車走走，瞭解內心的衝突，並試著原諒自己，原諒自己因為恐懼或缺乏自信，對自己或他人造成的傷害與過錯，乃至對自己無能的罪惡感。如此，我們便可能因著對自己及彼此仁慈的自愛，繼而慢慢重新鼓起愛人的勇氣，接受愛情裡的不確定性，以及擁有面對生命的確定態度。

1-7

世人皆噁心，失效的強迫症魔法

人不是天生的群體生物嗎？那為何身處在人群中，甚至是最熟悉的團體中，我們還是可能感到莫名的孤獨、厭惡或畏懼？如果每一個他人都以某種形式內化並居住於我們心裡，也就是一個人的時候我們能夠回憶他們、想像跟他們對話，那為何只要一刻鐘的獨處，這隊合唱團卻為我們的無比孤獨而高歌？

確信上主存在的信徒們，怎麼無法因祂的美善而感到安慰呢？是我的存在成了祂無所不在的例外嗎？還是說祂的無所不知，唯獨遺漏了我們，才教世人如此孤獨？如果上主真的無所不能地遺忘了我，那無怪乎除了我們自身以外的其他受造物，即每一位鄰人，都如斯令人討厭、敵異與噁心！否則，耶穌怎麼會要求我們去愛鄰人如同自己？祂一定知道祂的受造物多麼嫌棄彼此，祂作為神亦作為人，理應感同身受的——一如他被他的子民所嫌棄一樣！

當然，這可能是少數個案的感受，但我們還是得回到那個不清不楚卻又實實在在的生命早期，看看到底發生過什麼！

無法相信自己？魔法的施展失效了

我們要記得一個淺顯易見卻無比重要的前提：嬰兒是對父母絕對依賴的，在此無助的處境中，他的情感、安全及生命，完全依賴於照顧者。沒有食物，他就無法生存，不撫摸，就感受不到愛。因此，嬰兒與照顧者的早期關係，便是他與世界、環境、所有除他以外的人類，即日後與鄰人的關係基礎。這就是精神分析師 Erikson（1959）指出「嬰兒藉著嘴巴來生存與愛」的意思。

要是父母或照顧者能夠適切回應嬰兒的生理與情感需求，便是捎來「整個宇宙的安全感」，如此一再的體驗下，嬰兒便會發展出「信任」（to belief）的感覺與能力，他能夠去信任別人的好與良善是一致與持續的，不會突然轉為敵意與背叛，或至少能忍受一時的模糊與失望。

可以想像，如果一個嬰兒的早年不是被拒絕與忽略，就是母親時而溫柔時而抽離，在物理與心理需求的供給上完全按她的情緒而飄忽不定，那麼小嬰兒便很可能從宇宙的安全網中墮落。這一摔，摔出對世人的不信任、多疑、害怕等的焦慮與恐懼。甚至像我從好幾位個案口中聽過的，任何別人、路人、世人都是噁心的！——問題是他們不知道這個陳述式的感知，從何而來。

其中一位是叫 **Kate** 的女士，她的成長令人鼻酸。小時候父母在城市忙於工作，便將一個月大的 **Kate** 送去鄉下讓外公照顧，然而當她跟外公的關係建立以後，四歲左右又突然被帶去城市，交給她眼中陌生又可怕的叔叔阿姨們手中託管、或一個人在房間發呆、或「都是被媽媽打！」的記憶。從小根植於她心中對宇宙的不安全與不可信，在日後只要遭逢挫折或壓力時，便於 **Kate** 的心裡引爆：她會立即為事情的失誤做盡周全的防範措施——在我眼中已經呈現強迫症的結構意味——卻仍然覺得百密一疏，無力於防範災難的降臨，於是在諮商椅上哭到發抖。

從 **Kate** 女士的狀態裡，我試著追問：為何人們除了不信任世界，卻同時不信任（客觀或邏輯上已經十分可信的）自己呢？

從各種心理學的研究上，我們知道嬰兒大約在出生後半年，才真正意識到一個完整的他人存在（他多少知道是自己需要母親，是母親在照顧自己），並與之建立起具特定情感意義的依附關係（attachment）；而在此之前，嬰兒其實活在一種攸關存活的依賴關係（dependence）之中，他並不覺察到外界真實的存在，不覺得母親是獨立而與他有分別的個體，並不知道其實是她天天忙碌於奉獻，才有溫暖的被窩可睡。

用一個生動的比喻：嬰兒以為是自己的幻想成全了一切，「我餓，食物就來了；我冷，氣溫就暖了；我濕，尿布就乾了」（Winnioctt, 1971），他以全能的魔法般餵養了自己。

然而在錯漏百出的早年照顧下，嬰兒「魔法的施展」就會失效！他因為飢餓、生病、壞心情等不適而一直哭鬧，但幻想中的魔法遲遲不見效，即照顧者沒有敏感於適時的配合與回應時，他便(1)持續感到世界傷害自己、環境變成壞的、他人總是不可信任的；與此同時，由於魔法的失效，因此(2)自我也必然是弱小、無能、不值得信賴的……

我要補充的是，在這種狀態下的小嬰兒，除了動用全身的肌肉舒張來繼續施展魔法的幻想式輪迴，他還能做什麼呢？

我漸漸有一種理論構想：幻想與身體行動的同步互動，成為了日後強迫症結構的重要部件。人們只能一直重覆強迫幻想、並做著同樣的強迫行為，但患者心底裡又清楚根本的問題不會改善。此後，才漸漸構成佛洛伊德所指的肛門期——強迫症配對，以及強迫症中總是以愛恨兩歧性（ambivalence）為主要特徵，即患者對一個既愛又恨的對象所抱持的複雜心態（Freud, 1905）：他恨，希望對方死掉，但在下一秒又因為愛，害怕對方會因為自己的想像而真的死去……這個現象的核心在於人們真正不信任的人是自己，他甚至不相信自己的愛與良善（Freud, 1909）。

如此，我們便進一步體會到 Kate 女士的問題是怎樣形成的：由於原初魔法般的依賴關係和代表世界的母親的依附關係，一再出了差錯，才教她無法發展出對自己、世界與世人的原初信任，並一再對他人與群體感到害怕、難以忍受、厭惡、嫌棄與噁心，並選擇從中退縮。Kate 面對心中的災難時，她既不信任他人、更不信任自己能保護自己，這宛如內建且刪不掉的手機原廠設定的爛軟體一樣。

我在臨床上常見的現象是，這類個案常常進入了一種高度依賴與依附、但往往充滿痛苦的關係中。他們因內心對自我與世界的不信任，才使得平常人的戀愛一事變得痛苦難耐。

這難怪精神分析學者 Blatt 及 Shichman（1983）把早期母嬰關係中，應該好好種植於小孩心中的希望、信念與信任（hope, belief, trust），稱作生命的「基礎感受」。如果無人知曉他們的生命中缺失這這些基礎感受，並為此作出補救，那他們心中就真的只有無人知曉的、對自己這個人與鄰人的孤獨式厭惡、厭世或厭棄。

魔法也召不回的母親

這時候我想起改編自一九八八年的日本真人真事「巣鴨兒童遺棄事件」（巣鴨子供置き去り事件）的《無人知曉的夏日清晨》（誰も知らない，2004），電影由是枝裕和執導，小說則是田中雪萊執筆。故事講述一位單親媽媽，縱使已經帶著四名子女，但仍然空虛地渴望男人的懷抱，她常常留下一疊鈔票與一張紙條，便突然離家尋愛。十二歲的大兒子阿明便肩負起照顧弟妹的責任，挨餓的把錢省著用，因為他不知道自己要等一個月、兩個月、或半年後，媽媽才會再次出現。

最想念媽媽的大概是小妹妹小雪，她畫了許多幅圖畫，大概都是畫同一個微笑的女人，並在旁邊寫上「媽媽」二字。畫中的「媽媽」有著大大的黑眼珠，豔紅的嘴唇，長長的卷髮，「她們」被貼在房間各處，直到她的微笑占滿公寓裡的各一個角落。直到時日不知過了多久，家被停電的那天，小明看著弟妹們臉上空白又了無生機的表情，「他受夠了！」，他受夠了母親的肖像，尤其是她那雙用黑色蠟筆畫出的眼睛，既圓滿又空洞，卻無盡地從公寓的四面八方盯著他們。

直到小雪死後，她母親的錢才又寄回來。

小孩是建康的小孩，而不應該是「太健康、太有功能」的「小大人」。若是情感成熟的發展被打斷，那孩子的自發性（spontaneity）和自我權利感受（sense of self's right）就會被扭曲、消磨淨盡（Winnicott, 1965 [1950]）。失去這兩者的小孩，無法像成年人般有客觀或實際的逃離手段，卻會卡在原地打轉。

一如小雪生前緊抓著好幾個月沒回家的媽媽衣服一角，也許她並非在否認媽媽已經棄她而去的恐怖事實，她要的僅僅是能夠「繼續做夢」的那份慰藉：還能夠想像媽媽會回家，還能夠待在有媽媽在的家裡。但這個「缺失」如此真實地無法填滿，才教她強迫地畫了一張又一張的「空洞」，來模仿及複製母親對自己曾經有過的凝望。只可惜，這時候小孩所做的夢，只是強制滯留的舊日「夢境」，而不是能支撐人走向希望與未來的「美夢」。一雙雙黑色的眼珠，最終也只塌陷至一個個噬人的黑洞。

當魔法也召不回母親時，小孩的魔法就只是強迫地對內心恐懼所作的反制。

那天，**Kate** 女士如常的說著自己最近各種的擔驚受怕，靈感來臨時我作了一個詮釋，她便回想起在鄉下跟阿公住的一個強迫式場景：在晚上的時候，睡不著的她會覺得有很多雙眼睛在房間的黑暗角落盯著自己，因此，受驚的她會把所有認識的神的名字都唸一遍，不斷祈求祂們的保護，然後發現自己會的神祇不多，就只好重覆的把來來去去那幾個名字再唸一遍，好堵住每一雙從四面八方盯著自己看的鬼、妖怪、魔鬼的眼神……直至唸了兩個小時，她累到得倒下去睡，才又暫告一個晚上。

家，顯然不是可置換的一間房子，而是一個真實的內在歸宿，那無可取締的情感之歸宿。那些鬼怪不是來自外在，卻是內心的母親：**Kate** 潛意識中堅信著，母親把自己遺棄了！因此，在投射的轉換之下，內在的焦慮變成外在的恐懼。那群鬼怪的眼神，在某種意義上都代表了 **Kate** 心中黑化的母親的恨意眼神。同時，像《無人知曉的夏日清晨》中的小雪般要布滿房間的每個角落，其實反映著她對將自己遺落的母親海量的渴望。

只要你說一句話，光明便驅逐黑暗

佛洛伊德在一則註腳裡，也說過一位小孩的焦慮故事（Freud, 1905）：一位三歲的小男孩在漆黑一片的房間裡大喊：「阿姨，跟我講講話，因為裡面好黑，我好怕喔！」在外頭的阿姨回應：「這又有什麼用呢？你又看不到我！」小男孩說：「沒關係的，只要有人說話，就有光明驅逐黑暗了！」

我們跟小男孩一樣，並非害怕房間黑暗的一隅或母親離家的一時，卻是害怕所愛之人的「缺席」（absence）！只要我們能確認所愛的人「在場」（presence）的證據，心中的不安就被撫慰了。

我對《無人知曉的夏日清晨》的自由聯想幫我照亮 Kate 一再強調的「我很怕『人不見』！那天我媽晚了回家，我卻像瘋子一般，在整個文山區一直跑一直找……」的意義，並在潛意識漆黑一角，找到孤獨地哭泣的她。

許多時候精神分析的尋常日子，不也只是跟個案說點什麼或「嗯哼」一聲，好告訴個案「我在這聽著，沒有走開」的在場與陪伴嗎？在這個新的場景裡，個案能重新安睡，好好做夢——Bion 說能好好做夢的人，才能好好清醒，因而夢境與現實得以區分。

能夠區分黑夜與白晝的人，便開始發現鄰人沒有潛意識認定般的噁心，因為治療師成為了他能夠對過去的場景作出「反抗」（revolt）的例外與保證（Kristeva, 1996），好讓他從對世事萬物與自己的不信任、嫌惡、廢墟式尾站，藉由心理治療歷程，搭上改變的契機列車，通往景色有點不一樣的未來。

在說多不多，說少不少的臨床經驗下，我認為最重要的，就是當我們被內心的不信任感壓倒之際，我們還願不願意作出嘗試改變的勇氣。

勇氣至少有兩種，第一種像是某位個案來找我做治療時，便告訴我：「我很久以前就知道自己需要找人談談心裡的問題，但就來回考量了四年，到今天才鼓起勇氣跟自己說：一定要來，至少試試看！」另一種是勇於反抗這回事，我們很多時候不相信反抗會有用、或能帶來不同，卻只會招來更多的不幸與災難。事實上，在精神分析或心理治療作為反抗之外，尋常生活中的反抗也有許多樣貌，但我們能鼓起這份相信與嘗試的勇氣嗎？

【孤獨】參考文獻

田中雪萊（2012）：無人知曉的夏日清晨（張家綺譯）。台北：商周。（原著同年出版）

岡田尊司（2020）：當洗腦統治了我們——思想控制的技術（陳令嫻譯）。遠流。（原著出版年：二〇一六年）

André, J. (2011). 無止盡的「成為女性」（吳建芝譯）。無境文化。（原著同年出版）

Blatt, S. J., & Shichman, S. (1983). Two primary configurations of psychopathology. Psychoanalysis and Contemporary Thought, 6, 187-254.

Erikson, E. H. (1959). Identity and the life cycle: Selected papers by Erik H. Erikson. International Universities Press.

Freud, S. (1905). Three essays on the theory of sexuality. In J. Strachey et al. (Trans.), S.E. VII, 123-246. Hogarth.

Freud, S. (1909). Notes upon a case of obsessional neurosis. In J. Strachey et al. (Trans.), S.E. X. Hogarth.

Freud, S. (1933). New introductory lectures on psycho-analysis. In J. Strachey et al. (Trans.), S.E. XXII. Hogarth.

Herman, H. (2018). 從創傷到復原（向淑容、陳文琪、施宏達譯）。左岸文化。（原著出版年：二〇一五年）

Kohut, H. (1971). The analysis of the self. The University of Chicago.

Kristeva, J. (1996). The sense and non-sense of revolt. Columbia University.

Marie, P. (2018). 對面的瘋子：解讀我們日常的瘋狂（張喬玟譯）。漫遊者文化。（原著出版年：二〇〇五年）

Reik, T. (1944). A psychologist looks at love. Farrar & Rinehart.

Reik, T. (1983[1948]). Listening with the third ear: The inner experience of a psychoanalyst. Farrar, Straus and Giroux.

Winnicott, D. W. (1941). The observation of infants in a set situation. International Journal of Psycho-Analysis, 22, 229-249.

Winnicott, D. W. (1965[1950]). Growth and development in immaturity. In The family and individual development (pp. 29-41). Routledge

Winnicott, D. W. (1964). The child, the family and the outside world. Perseus.

Winnicott, D. W. (2005[1971]). Playing and reality. Routledge.

第二部分

反抗

越來越冷　越來越濕　越來越黑
井底的眼睛抬望宇宙　隕落碎星
越來越遠　越來越虛　越來越輕
我願為情黃泉下暢泳　你沒有心領

呼吸一閉起　彷彿可以飛　飄上天際空氣
最後驀然回頭望這地　發現已死
怎麼苦戀到死　先想起轉機　不必這樣收尾
我要是為情能沉下去
便有勇氣一力爬起

〈井〉，黃偉文

2-1

拿走媽媽的遙控器——我過了多少天？

有一種對「孤獨」的描述是這樣的（Reik, 1963）：

「沒有人能想像：一個女人被她所愛的男人遺棄之後，實在感到多麼的孤獨。另一方面，也沒有人能想像：一個懷孕的女人永遠不會孤獨，因為她與身體裡頭的嬰兒天天生活在一起。」

在這種浪漫的影像背後，很少人願意看見那暗藏的可怕欲望。有些母親為了不孤獨，她便在心理的意義上繼續把孩子包裹於她的身體裡，強迫他天天跟她生活在一起。也許對沉醉於羊水宇宙中意識還未醒覺的胎兒，沒有強不強迫的問題，但對於已經長大的孩子而言，母性控制所象徵的空間卻是一個教人絕望的「母體監獄」！

諮商椅子上的少年，他們那現實與幻想混合的幽微世界，即其心理現實及相關的症狀，在二〇一八年那部被喻為台灣孩子百年來的家庭成長紀錄片——《你的孩子不是你的孩子》中的〈媽媽的遙控器〉單元裡，有著極佳的刻畫。

故事開展於紀媽媽（陳淑麗）跟外遇的先生洽談離婚時，彷彿對任何事也不在意，只要兒子紀培偉的撫養權。淑麗把全副精神放在兒子的學業上，一心只要把他培育成偉人，可惜國中的培偉因為成績欠佳，害怕不被允許去畢業旅行而向她撒了謊，偽造成績單，發現此事並失望至極的淑麗，剛好得到一個能夠把時間「倒回」的遙控器，便馬上把培偉的一天倒回、不斷重複，懲罰他直到坦誠自己的謊話，並承諾永遠「不會讓媽媽失望」為止。從此後，為了讓培偉能夠比別人多補習幾遍、把課本唸到精熟、將測驗都考到滿分，淑麗從不顧及他的意願而隨意重複他的每一天。

喜歡畫畫的培偉，後來結識了同好小嵐，彷彿他被母親封閉的世界出現了一道彩色的出口。發現此事的紀媽媽認為這份情愫只會影響培偉的學業，便動用遙控器把時間倒回至二人認識以前。崩潰的培偉最終病倒，並一再的自殺。雖然每次自殺都被母親用「時間逆流」

救回，但他還是嘗試了好幾遍，直到連死也死不了才放棄。長大後，事業有成的他表面上順從母親，彷彿應驗了當年她那句「現在讓你恨沒關係，將來你一定會感謝我的……」，但內心仍然被她所禁錮。最終，他一天鼓起勇氣，故意安排母親到國外旅遊，以便偷偷破解家裡放著遙控器的保險箱……

吞下孩子和父權的食人母親

以「愛」為名的控制，到底是多少家庭的原廠設定呢？

淑麗是以一聲「我只要我的兒子」的欲望，來構建起〈媽媽的遙控器〉的故事發展。她的欲望很簡單，就是要培偉向她保證「一定會努力讀書，要考上好大學，不要讓媽媽失望」，這個保證無疑是要求他放下他的欲望，卻偷偷以她自己的欲望替換上：「你為什麼不替媽媽著想一點呢！」於是，一位母親強行剝奪掉兒子的欲望。

一個無法履行自身欲望、被掏空意志的孩子，其心理現實總是因著無助與恐懼，而急需各種想像與理想的救贖來填充安慰，只是這些安慰很快又會轉變成迫害。好比培偉認為父親必定會答應自己的要求，這反映他面對母親時的無力與憤怒，但紀爸爸早已經從「紀家」登出、從未回來。因此，我試想著培偉的潛意識幻想（phantasy）會是怎樣的：我被父親所討厭且拋棄，被獨自交到全能掌控的母親手上。換言之，那原本能夠允許他達成欲望或喘口氣的「父親權力」，因著離婚的消失與沉默，不只在本質上是無愛的，且由於被母親所接管而轉變為一個迫害工具。——這類潛意識幻想在兒童身上尤其常見，彷彿是一位食人母親（cannibal mother）吞噬掉、並在體內掌控著父親權力（陽具，phallus）（Klein, 1928），這駭人的母親形象，會激起孩子內心更多被迫害的焦慮與幻想，恐怕自己也將被母親吃掉。

果然，淑麗得到一個神奇的遙控器！這說明在培偉的幻想中，母親已經以吞併的方式掌控了父親權力，並把它轉化為針對他而來的迫害物，這個時候，整齣戲劇的超現實元素（症狀）亦由此展開：觀眾的「時間感」都必須按照她的欲望法則來流動，一如培偉，我們亦被囚於她的身體——世界之中。

淑麗作為食人母親的形象，是以「（孩子的一切）都是我的責任」或「這個世界上只有媽媽會一直在你身邊」這些對白來凸顯，如同嬰兒仍然在母胎內的絕對二人式世界。不少個案跟培偉很類似，也許已經活到四十歲，生活中仍然有一個食人母親；或即使母親已經不再（明顯地）食人，但從小養成的潛意識幻想，到今天仍不斷困擾他們的心緒。

不幸的常態發展是，在客觀與主觀的雙重焦慮夾擊下，痛苦的孩子們只能一輩子默默地滿足著母親的欲望。劇中的爆發點是淑麗命令培偉不能夠再跟女友小嵐見面時，她不只困惑他為何會拒絕與反抗，更回憶起前夫說過：「妳還『要』我怎麼樣？」……這兩者衝擊到「沒有人能夠滿足她（無盡）的要求與欲望」的傷口，教她必須排拒一切指控。所以她情願被兒子恨一輩子，也要說出那句：「你跟你爸一樣，都讓我很失望！……我現在讓你恨沒關係，將來你一定會感謝我的！」，然後用盡全力的按下時間倒轉的按鈕。

這種掌控時間的超現實元素所凸顯的臨床意義是：跟食人母親的關係中，那些無法排解的焦慮與恐懼，不只妨礙了心靈的各種成長，所引發的幻想更嚴重地扭曲了孩子的現實感——內在的個人時間感。

在影集裡，培偉的記憶沒有因時間倒流而失去，說明了現實中被重複的，是成長過程中被強迫卡關的無助與無力。佛洛伊德就說過潛意識的特性是無時間性（zeitlos），卡關的小孩即便長大了，但心裡還是如小孩般（有些人會稱作「內在小孩」）真實地無能與受挫。

就像是當培偉跑到小嵐家，卻因時間倒流而沒有人認識他時，觀眾也一同對「真實」感到混淆。

也許，有沒有人記得他從來不重要，真實與時間亦失去意義，重要的是他到底有沒有記住母親的欲望。被困在無時間性的母體監獄的心靈時空中，他與母親的欲望同化與墮落。

天天上演的心靈死亡：我過的是什麼時間？

被困於食人母親體內的孩子難以跟他人建立關係，他們走在人群中，卻總是孤單的，因為外在的時間不屬於他們。就像培偉在夢中才能夠跟朋友到海邊玩耍，只是到後來又剩下他獨自一人。而在精神分析中，泡在海洋常常象徵著「回到母胎（羊水）」之中——把小孩泡在水中的意象在戲劇一開始的畫面中就閃現——，而分析師克萊恩的說法是，食人母親阻斷兒子與外界的關係，把他藏到子宮裡頭。不過，我會說她把他藏到胃裡，好把他消化掉，化作自身現實欲望的養分。

為了逃離母體監獄，和對抗內在無可逃離的迫害與恐懼，培偉只好自殺、被倒回時間、再自殺、被倒回、繼續自殺……每一次自傷與自殺，就像許多被送到急性精神病房的孩子，在心理意義上是把囚於母體中的自己殺死，這是他們唯一的能夠將「恨」施還於母親的最終無力式反抗。

在故事裡，自殺能夠一再被倒帶重演，而現實中，心靈的死亡也確實能夠天天上演。

正如培偉含著淚去問：「妳到底還要我再死幾次？」。要是「在這個世界上，只有（食人）媽媽才會一輩子陪在你身邊的」，那麼這無疑於她會一輩子一再囚禁他、消化他、殺死他。反正生和死，都只能困於媽媽的時空裡。

我不清楚由魏如萱包辦曲、詞、唱的《你的孩子不是你的孩子》主題曲〈Don't cry Don't cry〉（別哭別哭）時，是否領會這種食人母親與個人時間感的扭曲等精神分析關注的問題，才會在第一句便質問與感嘆：

又過了一天
我過的是什麼時間
距離好遙遠
重複的假笑沒人發現是種欺騙

培偉屈從了母親的欲望，戴起一個假我的笑容並活了下去，使得這段青春期的「症狀」告一段落。遙控器沒有再使用，故事的時間流動亦回到現實。就像許多過往不斷自殘的個案，可能因著生命的成長及社會階段的轉變而穩定下來，他們在諮商椅給我看看他們手上「歲月的痕跡」，談著那段昏過去以後便在醫院醒過來的「不是真的想死，只是不想活」的日子。

然而，童年的傷口其實只是由「被迫對母親作認同」的假我所掩藏，因為不變得與母親一樣（他們二人都有著同樣的潔癖動作）、不自欺欺人，人們早就被成長的種種折磨折騰至死。假我（**false self**）雖假，但也為主體保留了內心最真實、最具生命力、最柔軟與坦誠的一塊。

你們可能會疑問：「為何培偉這麼懦弱？他明明可以直接從母親手上搶走遙控器的吧?!」會有這種指責聲音，是因為很少人曾注意到培偉和類似個案們背後的潛意識罪疚感（**unconscious guilt**）。

即使孩子再憎恨母親，但臨床工作中常發現，當他們無法滿足她的欲望時，在潛意識中仍可能覺得自己「是個令母親失望的壞小孩」，使得懲罰就變成是罪有應得的。與此同時，別忘了他們也保留了一個「希望」：希望母親其實是好的，她心底裡是愛我的。

只可惜此時的愛意跟恨意糾結在一起，使得對母親的攻擊會反過來造成自身的罪疚感：你不只令母親失望，還居然想傷害她！最終在負向的循環中，只會不斷疊加對生命的倦怠，直至走上自殺的終局。

指責一位於母親的要求下無助的小孩懦弱於反抗，有時是一種二度的心靈傷害。成年的培偉按計畫把母親送出國、跪在藏著遙控器保險箱（象徵掌握父親「陽具」的母體監獄）面前，仍舊是「不知道過著什麼時間」般哭泣與手抖的小男孩。然而，他已經在密謀反抗了！紀媽媽及時回去，但眼看培偉已經手握著遙控器，慌張的她再次威脅他：「你以為遙控器我只有一個嗎?!」這個二度的心靈傷害已經化作真實的二度殺害，這回觀眾亦領悟到，在下一秒被車撞倒的培偉，已經沒有復活的機會了。

Don't cry Don't cry
等待某天有人會來為我取暖

當心中的焦慮不安被母親溫柔且溫暖地「抱持」時，「時間」才能以連續性的方式被維持，並整合至人的心中。這工作最初由懷抱孩子的她本能地完成，是在失敗的情況下，才交由治療師以其同時發揮母性與父性的「輔助的自我功能」（auxiliary ego-functioning）者來彌補，好讓人們能重新長出「個人」時間感（Winnicott, 1965[1963b]）。這邊用到「個人」的原因，在於它是我們能感受與掌控的「時間感」，一種非屬於母體監獄或外在客觀的時空。如果人們能對自己負責，活在自己的時間裡，他便能再忍受一點點心理現實中直面著的碎裂化良善，與種種四面埋伏的迫害。

劇中有一句很打動我的台詞：「生命是我們自己的，它長什麼樣子，都應該是我們自己負責！怪罪給其他人，太懦弱了。為自己的不勇敢找藉口，我辦不到！」聽到這句話的培偉，回想起自己在成長路上，其實是很多次機會可以搶走母親手中的遙控器，把它摔爛，但自己卻從未鼓起這份把手伸出去的勇氣。所以說歌詞中「等待某天有人會來為我取暖」中的某人，除了可能是某位恩人、貴人、知己、善牧、心理師……更是自己！培偉是領悟到自己就是能為自己取暖的人，才鼓起勇起去取回自己被剝奪掉的童年時光。

夠好與夠壞的母親

〈媽媽的遙控器〉真是一齣恐怖片，卻也在許多小孩與少年的內心，天天真實地上映。我想導演陳慧翎成功呈現出孩子面對食人母親的心理現實，同時把觀眾的時間一同囚於母體監獄之中。回想起淑麗的第一句對白「請問有杯墊嗎？」，我試圖對此作一點聯想：杯墊代表用來承載杯具（與「悲劇」同音）的東西，那這個承載母親悲劇的杯墊為何？在下一句對白中表露無遺：「我只要我的兒子」。偉成為了他母親孤獨的悲劇載體，成為一根她放進體內，好滿足欲望的陽具！

我想起一位曾自殺多遍的女個案，我跟她在日間療養院進行了一年的心理治療。出身於傳統大家族的她，從小活在身為教授的母親遙控器之下，「妳只能選電影來唸、不是北部的大學不能選、把宿舍退掉回家裡住、妳只需要按我的話去做……」，她也是被囚禁、被吞噬進母親身體的孩子，天天在裡頭看著投影於母體內壁膜的恐怖電影。我問她：「妳能力不差，但彷彿想要一輩子住在這裡？」，「是的！」她回應：「因為至少在這裡，家人無法再控制我，我也活得比較自由。之前在病房太多限制，我不太滿意，但現在的不錯，總比家裡好。」這些話一直烙印在我腦海中。

但願我們不要忘記，攻擊與恨的背後，也常常是一種創造力的舉動，因為唯有在幻想中被徹底摧毀的，才能夠被好好重建，找回屬於他自己的欲望與認同（Klein, 1924）。一年的治療不短也不長，但當我們踏實地在幻想中、在言語上把家裡恨透，發現那裡沒有希望以後，卻因比較釋懷而冒出一絲慰藉與解脫。結案前，我跟她開始討論如何逐步回歸社會，並從事自己喜歡的工作，找回過去被母親否定的種種所屬。

有時候，我們很難明白一個女人、或一個母親的欲望為何會如此暴烈。〈媽媽的遙控器〉透露的，是淑麗由於無法讓前夫欲望她，她被責斥有過多的要求，才把此等傷痛與失落轉嫁，換成兒子去滿足她的欲望，使得「他的欲望↓他只欲望她的欲望↓她無法自行實現的欲望可藉由他來實現」。

這不禁讓我想到溫尼寇特在指出「夠好的媽媽」（good enough mother）能短暫去除自己的欲望——被稱作原初母性專注（primary maternal preoccupation）的狀態——以認同嬰兒，彷彿她本能地感受和瞭解到他的需要與欲望時，他又有沒有想過「夠壞的媽媽」（bad enough mother）這種對前述狀態的倒錯式專注（pervert preoccupation）？

我的定義是，這種「夠壞的媽媽」總是「自以為夠好、為孩子犧牲夠多」（我不否定原初母性專注的真實發生過），如此，今天她便有特權，要求孩子為了她的欲望而去除自身的欲望，孩子的任務是要本能般去感受與達成她的欲望。——這是一種對「原初母性專注」過程中，失去過自我欲望後的恨意反撲嗎？當年是嬰兒把認同於他的母親當作養分來消化與成長，今天則是母親命令孩子認同於她，當作養分來消化出欲望的實現。

最後，回到文初我提及的孤獨，即「沒有人能想像：一個女人被她所愛的男人遺棄之後，實在感到多麼的孤獨。另一方面，也沒有人能想像：一個懷孕的女人永遠不會孤獨，因為她與身體裡頭的嬰兒天天生活在一起。」現在我們明白，有些女人，應該說是母親，會藉由把孩子禁錮起來，強迫他與自己天天生活在一起，來排解被所愛的男人遺棄的孤獨。

2-2

那怕是「恨一下」父母，不敢嗎？但你的夢可敢呢！

我們一定聽過，甚至自己也在說：「人越長大，越懷念過去的美好」。這種念舊之情，是因為身邊美好的事物都隨年月老去？抑或者，是我們逐漸發現許多人事物以往不為所知、陌生、教人意外的一面下的某種傷感？

我傾向相信後者，尤其是，當那些年最親愛的家人、親戚、友人，在今天（常常在青春期開始漸現）抱持著跟我們截然不同又無可改變的觀點與價值之際……除了懷緬過去，我們當下又能夠做點什麼？

我的恨多合理，我的「愛」也多合理

在社會一直歌頌母親對小孩無私的愛之下，我們常常忘記了生活被打亂，連睡一覺好的也無法的媽媽們，其實會對小孩有一種「客觀」、「合理而正常」的恨或厭惡，儘管她們絕少覺察到。

這不難理解，因為小孩只能依賴於她的照顧。在晚上無情地使喚她起床餵奶、哭了要抱抱、拉了屎要清潔、清潔完又把剛剛吃的吐出來、弄髒亂的就去整理……「媽媽」在這個資本主義市場中，某程度而言，完全是個免費勞工，或只得到最低薪資的廉價勞工。排除她們在照顧小孩時的喜悅，其他相關的苦與累，產生出一種「客觀、合理、正常的恨」。

理想上，媽媽們面對天真無邪的小孩，都能夠把這種客觀的恨處理掉，但不難想像的是，未來它會轉變成一種「當年我懷胎十月，給飯你吃，給房你住，供書教學……所以你要（怎樣怎樣）！」的要求。

換言之，媽媽們為了克服客觀的恨，為自己沒日沒夜的付出，找到合理回報的方式，便設想小孩子未來得長成她心中的理想模樣：孝順聽話、讀書第一、考上T大、給孝親費、光宗耀祖……獨立自主，但還是要服從於她！然而，一旦小孩從她的理想框架中跳脫，潛意識裡就迸出「主觀的，也許不合理，但合情的恨」——在投資與回報的世界裡，很正常吧?!

因此，相對於「客觀的恨」，這個「主觀的恨」便是指那些對已經長大的小孩的各種抱怨，這些抱怨源於小孩不符合母親們所投射的理想。用簡單的話來說，即忽略了小孩的個體性，卻把小孩視為自己的附屬品。不過，由於這些恨意必須埋藏於潛意識裡，所以母親往往意識上會以「這是我愛你，為你好！」的方式為自己的合理性背書。

用力保持「好媽媽」形象的「壞媽媽」！

然而，即使是想要當「嚴母」或「虎媽」，幾乎每一位媽媽都希望小孩把自己視為「好媽媽」。就像一位女性個案 Jesscia 在心理治療中說到：「在我懷孕之前，我常常想像自己能夠把該做的都做好。我會是一位好媽媽，比我自己的媽媽更好，甚至比所有媽媽朋友們，都做得更好！而且，生了小孩，我跟先生的關係也會更親密」（Grosz, 2014）。不過這種「好媽媽」的想像，常常只是一種傷口的補償：

Jesscia 的治療師 Grosz 回應她：「彷彿你希望藉由生個小孩，來解除自己不快樂的童年。」Jesscia回應說：「我想我是想在小孩身上，找到一種我從未經驗過的愛，一種分享的溫暖與理解…只是我不知道原來一個小孩（吵著喝奶，或在公園的沙地上跟別的小孩爭吵）也會讓我那麼生氣。每當他一大嚎，就像是指責我是個可怕的壞媽媽，而我的確想要掐他、抓住他……直到有了小孩之前，我都認為自己是個好人。」

由此案例中推想，其實很多媽媽們都是在壓抑客觀的恨，並在童年傷口之上，努力撐起與維持一個「好媽媽」的自我（門面）認同。

可惜的是，潛意識已經把「客觀的恨」轉化為「主觀的恨」，或是說，她以為自己在恨小孩不成材，卻不知道自己其實在恨自己的壞與失敗，和她心裡的父母。所以，很多時候，媽媽們用力保證自己是「好媽媽」時，便是把潛意識中「壞媽媽」的「壞」，投射到小孩身上——你這個「壞」囝仔！——好挑剔任何她看不順眼的地方，怒罵任何反抗她的意志，迴避有機會回頭指責她自己是「壞媽媽」的可能性。

發現價值觀不同之前，我都認為父母是「好」人

接下來談孩子的部分。我們每一位都曾經是依賴著父母（或某個長輩）而長大的小孩，

把他們當作心中的巨人，世界的全部。即便從小到大，小孩有過各種「恨」的狀況——父母怎麼不先詢問，就擅自把我的寶物櫃掀開、把同學送我的東西丟掉、幫我挑很醜的衣服、命令已經高中的我要晚上九點前回家簽到、對我們唸什麼科目都要指指點點——；但是，只要媽媽說一句「當年我懷胎十月，給飯你吃，給房你住，供書教學……你還有什麼不滿意？不滿意就去當別人家的小孩呀！」，孩子便常常自動壓抑情緒，並（被迫又無奈地）想到「客觀上」真的沒有什麼可恨可抱怨了，剛才那些「主觀上」的不滿，就僅僅變成是「也許合理，但不合情」的投訴，再苦也只能獨自啞吞下去。

因此，從幼時跟媽媽就小事而吵架的「媽媽總是對的！」，到長大以後有了自身的認同與主見，卻發現跟家人抱持截然不同的觀點與價值之際，我們往往經歷一種認知失調的錯愕：我能表達嗎？應該指責嗎？我可以因為價值觀不同，而不再認同他們十多年來的家中權威？或甚至承認討厭自己的父母嗎？

「直到發現父母的價值觀跟我如此不同之前，我都認為他們是個『好』人（因為壞的往往是我），或認為自己是個『乖』小孩（因為孝順是本分）。」發現自己有別於父母的意志、有別的主張、有別於「乖」小孩的當下，誰說這不也是一種震驚？

但如此一來，家庭戰爭便默默展開了！父母頑固地堅守他們那套價值觀，指責想法不同的子女「不孝」；而作為子女的，一般都不敢正面反駁，好比面對每天在「家族群」看到的資訊，只得唯唯諾諾，或只能氣在心頭，把才剛打好的文字又通通刪掉，發不出去，因為一旦反駁，表示不同，關係便會不和。

而讓孩子最不解的，往往是：「為什麼父母要如此頑固？要把只是價值觀不同的我，視作仇人？」按照前文說到「媽媽們為保證自己是『好』，就必須把『壞』投射到小孩子身上」——如果孩子的價值是「壞」的，那我所堅守的便等同於「好」的，我就是一位「好」父母，儘管被小孩討厭也好——面對劇烈的家庭衝突，即使旁人一看都會認為「大家都要冷靜下來反思，彼此都要作出承諾與改變」，但絕大部分時間，父母就是需要把「壞、罪、錯」都算到孩子頭上，實施一種行為上的維穩、打壓、噤聲。原因在於，任何民主的、開放的、多元的聆聽與調整，都暗示著自己在「好媽媽」的門面認同，背後（潛意識中）的傷口、恨意、自責的「壞媽媽」真實身分。

怒火正熊熊地燃燒的孩子，往往因為衝動下對父母作出攻擊，而成為媒體渲染的焦點，彷彿所有「壞、罪、錯」都真的只有孩子的份。

你不敢恨？但你的夢很敢呢！

在「客觀的」家庭爭戰爆發之前，常於心理治療中照見的故事，往往是那些不敢恨、無法恨、意識不到自己「主觀地」恨的難言之隱。被壓抑於潛意識的憤恨不會消失，相反，難言地不敢恨的你，你的夢可是敢為你明明白白的去恨了！

就像人們常常說：「我昨天有做夢，但我忘了。」但這句話也可能只是一句謊言，因為我們往往作了有違道德且羞於啟齒的夢境，而且對象就是身邊的家人！在一九〇〇年，佛洛伊德就於《夢的詮釋》（*The Interpretation of Dreams*）中記載了不少與家人仇恨相關的夢，時至今天，我也同樣能從日常生活或心理諮商工作中，應用他的創見，為人們詮釋夢境中對父母的恨意。

二〇一九年的時候，我聽過一位男士夢到母親死去的夢境，他在夢中表現得極為痛心，醒來後亦十分內疚，然而，夢境也如實反映了他對母親在香港反送中運動中，突然一改平日教導自己「做人要有佛心、善心、看到弱勢窮苦者的需要」的態度，成為所謂撐警暴、打壓年輕人的「藍絲」一員的恨意。而這份致死的恨意，正是他在意識中不願承認的，因為他真的很愛他的母親，仍不願相信她跟自己抱持如此敵對的政治（或說，人性與是非黑白）價值觀。

只可惜，很少夢者會像男士夢到母親死去般，對自己的動機如此誠實，換言之，臨床上很少夢境的內容能夠直白地讓治療師輕易掌握，原因在於，幾乎所有的潛意識願望，只會以偽裝的方式聚結成夢，使得夢境背後的動機，總是難以被瞭解。因此在治療工作裡，個案帶來的夢的意義，是少一點想像力都無法參透的。

我想起一位個案Brian，他的童年有許多主觀及客觀的情感剝奪，或時至四十歲的今天，其父母的一些反應仍然像利刃一樣刺透他的心。

應該是在治療一年左右的某次會晤，他帶來一個夢，內容大概是：

他開著一台內部設計有點奇怪的吉普車，後座是他的父母。突然，路的前方出現了一隻他們家養的寵物，他馬上剎車。而下一個畫面，他自己便已經在車外，跟貓咪一起看著那台停在路中間，因急剎而輪胎冒煙的車，而三個人都還在車上，不知道有沒有受傷。

這個夢在我心中的詮釋是這樣的：奇怪的車廂內部象徵著家庭固有的問題，同時也是他的內心世界，住著主觀地長年傷害自己的父母。馬路上那頭他們家的貓咪，其實也是父母的代表，不過是代表客觀地存在的父母，是不能被傷害的。在剎車以後，他的視角換到車外，代表某個部分的自己是安全的，但輪胎冒煙的車往往象徵已經出車禍了（三人——他的內心都死掉了），或至少代表他的心理已經被原生家庭弄得殘破不堪。

換言之，**Brian** 由於無法對客觀存在的父母表達恨意，而選擇把恨意壓抑於自己的吉普車心中。只可惜，去恨內在的父母亦等同某種對自己的恨，所以車禍以後，三人都還在車上，生死未卜。如此，我猜想在意識上，**Brian** 是不願意承認自己對父母有一絲恨意，或是說，即便其潛意識對此有所感知，亦很快就會轉換成一種罪惡感。這些假設，是根據我對他長時間治療下的瞭解。

當我告訴他：「也許你心裡有很多說不出口的恨」，他卻以滿懷罪疚的痛苦臉容，回答說：「其實，我從來沒有用過『恨』這麼強烈的詞，去形容我對父母的感覺，過去，我只會覺得是自己的問題而已。」我想，這時候在椅子上撕裂般哭著的四十歲的他，要開始成長了，終於要試著在意識中，合理地「恨一下」他的父母。

現在回想 **Brian** 那個不知道算不算出了車禍的夢，不就是潛意識地「恨一下」父母的結果嗎？全家人都嚇了一跳，但還是不能言明。且看！無法表達「恨」的孩子，往往會改為恨自己，傷害自己——割腕，最常見的一種，讓自己失敗，也是——對！**Brian** 的手內側和大腿，也有許多歲月所留下的疤痕。

如果成長的過程中，學會「去愛」（to love）是那麼重要的事，那請記得「去恨」（to hate），尤其是能夠對我們的父母表達客觀、合理且正常的恨——或哪怕是不合情又不合理的——亦是必須學習的課題！在更深的意義上，這亦象徵著一種家庭動力中，未曾好好處理的合理恨意；從學習「去恨」之中，將帶給家庭重新組織與安放的契機。而在契機把家庭帶向成長的未來之前，我們又需要謹記，在面對家庭中的價值差異與爭執時，要學習忍受不適，容許這些恐怖現身，及同時應得表達自己「客觀的恨」（objective hate）。

相信聰明的你已經明白這邊孩子對父母「客觀的恨」，不過就是允許和正視自己內心產生的「主觀的恨」，試著不再用社會的道德目光來自傷，從而一步步跟自己和解。精神分析師溫尼寇特強調治療師（父母）去覺察與表達對個案客觀的恨（Winnicott, 1947）；我則補充另一面，即孩子對父母（治療師）也有客觀的恨，這更值得被強調，因為在家庭往往沒有他學習「去恨」的餘地。

2-3

離家不可恥，但不帶父母去旅行就不好說

最近收到一位心理師同行於我的臉書專頁傳來訊息，他說他母親一直用溫柔得難以招架的親情，好誘使、勸勉、告誡他「應該回家裡住」！有趣的是，除了他母親不能諒解兒子為何有家可住卻偏偏要自己搬出去住，自認還陷在困境中的他也疑惑是不是自己哪裡太奇怪或過分固執，才不願意住在家裡。

「住家」與「住外」之間居然會在現實與內心都開打成一場鬥爭，往往是父母在心中認定了「不黏家」的人就等同「不愛家」（即使這想法有部分是對的）！彷彿父母沒有辦法理解青年人對同儕關係的需要，也不懂大學生希望跟同學混在一起的自由，因此即使有要到別的縣市唸大學或工作等理由，在傳統觀念下，一些父母仍然在潛意識中認為「假日不

回家的小孩＝不愛家＝對父母不孝＝壞小孩」——同樣地，離家者或多或少也會這樣看待自己，而背負著難言的罪惡感。

然而，我想透過在諮商實務與生活經驗的故事，來讓大家看見那些「離家者」都有著各自重要、甚至是必要的理由。

離家不可恥：必須的希望與成長的需要

這裡是兩則我在醫院實習時治療的個案片簡：

(1)一位被診斷為情感思覺失調症（schizoaffective disorder）的少女，不過是短短的六年中學，她就換了三所學校，從術科到學科又換回去唸術科……一切都任由父母朝令夕改的喜好擺布，而她只能夠勉強配合，當個乖乖女。後來，她不過是希望跟大學認識的好朋友一起組寢，不用每天通勤一個多小時返校與回家，其母親就來到宿舍指指點點，要親自篩選女兒的室友。很顯然，最終彼此不歡而散，少女也只能夠繼續住在那個「門總是不能鎖，而且被改裝上一個小窗，可以從外面看到裡面」的房間裡。

(2)從小被父親嚴厲打罵長大又感受不到母親對他有所期待，被診斷為持續性憂鬱症

（dysthymia）的少年，自國中輟學起每天都承受家人對他「懶惰、垃圾、白養」的指責。這樣的日子過了好幾年，也嘗試自殺過後，他漸漸萌生「離家外宿」的念頭，幸好得到一些親戚的經濟幫助，幫他付了一間小雅房的租金，他便得到外宿三個月的機會。獨自生活期間，他的憂鬱狀況改善許多，更順利地做滿了三個月的兼職工作，基本上養活了自己。只是，今天的他還是回去那個「有爸爸在客廳，我就完全不想出去」的鬱悶兩坪空間裡。

這兩位少年少女的故事，無奈地呈現出一種必須的悲哀觀點：對某些孩子而言，唯有離開父母，或等到父母離開，他們的身心狀況才可能得到緩解，才有可能成為一個獨立的統一個體（Winnicott, 1965[1960]）。

對那些吵著要離家的孩子來說，我們確實可以說他們在「逃避」原生家庭，但這種「逃避」在臨床的意義上其實「並不可恥」！

要是有人（尤其是最愛派發心靈雞湯的好人）好心勸告：「為了成長，你最好還是鼓起勇氣回家，好好處理跟父母的糾結、整合那些破碎的關係呀！」我會說這頂多說對了一半，卻忽略了家庭的固有結構。家，其實從來不在這裡或那裡，它一直都在每個人的心裡。

為此，離家的「逃避」常常是在物理上先拉開一個距離與空間，即少年少女們順從本能般安頓自身、減少與父母直接接觸、以發展出新的心理空間或組織，好在日後繼續跟心裡那個逃不掉的家，再次相處。

若是一些父母過去以控制言行選擇與溝通無效的主奴關係，把小孩「養成」到醫院如同上課的模樣，那他們大概是在極力滿足著「依賴子女／被子女依賴」的潛意識欲望，才被今天的「離家」引發了潰堤的失落與恐懼，且於淹沒中無力看見孩子的痛苦與需要。如是者，這些孩子多年來的唯一希望，便是發展出一種「假我」防衛（儘管它功能不怎樣，十分原始與粗糙），以求把「真我」深深地隱藏起來，以免因外界的各種干擾和衝擊而崩潰，成為無法治癒的精神病人。

就心理治療的意義而言，「假我」確實是在保住「真我」在哪一天被看見、見證、允許、活出來的希望。在此脈絡上，「離家」其實是一個「必須的（悲觀式反抗型）希望」！

若是認為上面的例子太過極端，只是會在少數病態家庭中才可能發生，或「剛好哈理斯你都遇到這樣的個案而已啦！」……所以覺得一般健康家庭裡，父母不會這樣對待小孩，他們便沒有「住外」的必要？然而，在情感成熟（emotional maturity）的發展角度來看，

青少年們為了獲得自我認同，他們終究得從原本依賴的狀態中奮力違抗家庭、朝向獨立、並找到其未來所屬的群體或價值（Winnicott, 1965[1961; 1963a]）。

讓我們來看兩則一般健康（或正常）家庭的故事：

(3)從小是家族的寵兒，在良好保護與中產教育中成長的一位男士，實在無需對生涯有什麼擔憂。他最初也認為唸完大學就繼續住在家裡，在台北市找個相關工作、賺到錢就去旅遊、讓父親幫忙付個頭期款就可以供房子。但大學四年以來，他內心漸漸浮現起一股離家的驅力，他發現過去的保護殼也造就出一個限制網，使得他彷彿不是自己。男士越來越確定自己要去感受真實的戰鬥，以此建立「自己」的新身分，並擺脫「家族裡成功的好孩子」這舊身分。

(4)雖然與父母關係不算十分和睦，但也算是得到良好照顧的一位女士，由於一家五口的經濟實屬小小康，因此三位手足都有著「賺錢回報家庭」的責任。大學畢業後，女士在家附近找到不甚喜歡卻因薪水高而能回報家庭的「盡孝」工作，然而，心中有著設計夢想的她還是決定到薪水較低但能專心做設計的城市，過著低品質的套房生活。背後更多的原因，是她也想要向自己證明不再是個依賴家庭的生活白痴女孩，而是能長大與獨立生活，甚至成熟地照顧男朋友的女人。

從這兩個故事裡，可以看到「離家」本身除了是為了成長與獨立的內在需要，亦是為了完成跟社會（作為「成人」身分）的認同。就像是小嬰兒因為已經學會以母親的角度去看問題，才能夠從絕對的依賴中解脫；那麼，青少年也是從離家的生活與工作經驗中，漸漸體會到父母看待事情的方式，並從相對依賴的狀態中朝向獨立。這使得學會獨立於父母一事，就是在社會化過程中，同時練就「情感成熟」的成就。後來男士與女士在離家的經驗中，並未跟父母越走越遠，卻是在情感上（試著）跟父母重新連結，（希望）以更成熟與感恩的方式相處。

換言之，離家的追求獨立，其實不是絕對的。如果青少年能夠成功的違抗家庭，找到自我價值，那他下一步將會回家。人們往往在離開父母，得到思想與能力的自由與發展以後，他們還要保持或重新獲得與真實父母的關係。確保了後者，才會讓前者的成長變得更為真實，而不是淪落為「我成長獨立了，卻必須跟家人搞得六親不認」的無奈。

因此，在最健康的家庭中，離家也會作為一種「成長的（樂觀式獨立型）需要」！它跟「必須的（悲觀式反抗型）希望」，分別站駐「離家光譜」的兩端。而大部分的人，則是兩者以不同比例滲透其成長的路上。

不「失敗」，就真的什麼都失敗

現在我想談談在離家作為「必須的（悲觀式反抗型）希望」與「成長的（樂觀式獨立型）需要」之間，父母與孩子的表現會有怎樣的差異。

前者的父母往往由於自身內在的衝突，而表現出巨大的抗拒與憎恨來否定孩子的決定，而孩子很顯然，一般很少會猶豫，只想快快落實執行離家計畫。後者的父母對欲望有較佳的克制力，因此表現相對溫和的疑惑，常常以「你再想想有沒有這個需要？」的方式反應，而孩子則呈現兩歧感受，即他對離家一事感到不安與罪疚，不想因此傷害父母的心，然而又不希望欺騙自己想獨立、求成長的真實感受。

因此，我認為可以從父母與孩子各自對「離家」一事的互動與反應，判斷一個家庭的情感成熟程度，以及這個家庭到底需要怎樣的專業協助。

不過，一般「正常的華人家庭」裡最為代代相傳，家喻戶曉的，莫過於孩子表現出渴望

並要求離家時，便會被父母回以一串：「你們現在大了，厲害了，翅膀硬了，不用管父母的了……你這麼喜歡離開，出去這個門口就不要再回來！」——還是說，「華人家庭的正常」也僅止於此？

我很希望告訴那些在心中想過或說過這話的父母，您們若是如此焦慮於失去，那很可能就會真的失去。我猜想您心中有一塊是認為「小孩不愛留在家＝自己多年辛苦教養的失敗」，但事實上（Winnicott, 1965[1963a]: 87）：

「若母親不能在敏感性適應方面逐漸『失敗』的話，那麼她就在另一個意義上『失敗』了。」

這句溫尼寇特的話，我是這樣理解的：若是父母由於自己的不成熟與內心的種種焦慮，而無法敏感於孩子朝向獨立的需要、需要獨立的要求，從而讓自己放手（失敗）的話，那父母便會在孩子成功成長與獨立、達到情感成熟一事上，是失敗的！如此，孩子既無法長出一些有別於家庭固有的東西，如用愛來融和無法伸展拳腳的不滿與恨意，又無法以新的角度看待原生家庭，好比理解與感恩，使關係得到改善。最終，母親在敏感性適應的「失敗」，也會造就孩子生命的「失敗」。

然而，即便是一般健康或正常家庭所給予溫和的建議、包裝的疑惑、有道理的勸告，它們終究只落為錯誤的解決方法，因為帶有強烈道德感的青少年們，很多時候是不會接受成人的幫助——他們把一切都視為錯誤的解決方法（Winnicott, 1965[1961]）！

什麼才是正確的解決方法?!我想，沒有人知道。或是說，答案唯有在真實的、必須經歷的混亂、暴躁、摩擦、衝突、掙扎、低迷、消沉體驗之下，直至找到一種不會讓他們在戰爭中失敗的自我認同以後，才能以驀然回首的方式發現。

這讓我想起由著名動畫導演宮崎駿的長子，宮崎吾朗的執導的《地海戰記》（ゲト戦記，**Tales from Earthsea, 2006**），故事由內心無比混亂的少年亞刃（アレン，**Arren**）突然刺殺國王的父親而開展：亞刃離開了家鄉，低迷且自暴自棄地旅行著，直到他聽見瑟魯（テルー，**Therru**）的歌聲，過去無解的傷口才彷彿得到一刻撫慰而落下傾流不止的淚水：

暮色漸暗的雲層上　總是孤單地飛翔的老鷹　應該深感傷悲吧
無聲無息的風勢中　緊抓住天空的那雙翅膀　亦是無法歇息吧
應怎樣形容你的心　是否像老鷹般的心
該如何比喻你的心　如翱翔天際的悲傷
田間小徑杳無人煙　你我並肩走著　想必一定深感寂寞

蟲鳴低喃彌漫草原　我倆儘然同行　卻安靜得不發一言
應怎樣形容你的心　踽踽獨行的一顆心
該如何比喻你的心　孤獨的寂寞一個人[3]

亞刃的母親在他長期消沉，又消失一整個晚上後——顯然這個少年生病了，心中有著一股說不出的憂鬱與憤怒，但這個國家只有照顧他的婢女注意到，並為此擔心而向國王報告——，只說出她唯一一句對白：「亞刃十七歲了，已經『不是小孩子』了！陛下對不起，讓這些『小事』煩擾到您，請陛下把心思放在人民身上吧！」她對兒子的敏感性適應方面的失敗（這回不是放不開，而是完全不顧），教亞刃在下一個鏡頭，便從暗處拿著匕首，撲向同樣把他視為小事、眼中只有人民卻沒有兒子的父親身上。

啊！宛如一隻傷悲又孤獨的老鷹，卻必須本能地狩獵；如果牠不是因為狩獵而從盤旋的狀態下降，那大概是一次永恆寂寞的無聲墮落吧！

家庭旅行‧‧失語症與多語症

也許事情過了許多年，終於，你今天離家了！在外找到一個不夠立命亦可安身的居所，想著有一段日子沒有回家，亦沒有接到家人的來電。由於與家拉開了距離，所以一切都顯得清晰可見，好比在長假期裡，那個從來不在這裡或那裡，卻一直都在心裡的家又會浮現：

「我是不是該回去看看他們？跟他們說說話？」

3比對各種網路資料後，我翻譯出內心意象的〈瑟魯之歌〉（テルーの唄）。日文歌詞如下：

夕闇迫る雲の上　いつも一羽で飛んでいる
鷹はきっと悲しかろう
音も途絶えた風の中　空を掴んだその翼
休めることはできなくて
心を何にたとえよう　鷹のようなこの心
心を何にたとえよう　空を舞うよな悲しさを
［……］
人影絶えた野の道を　私とともに歩んでる
あなたもきっと寂しかろう
虫の囁く草原（くさはら）を　ともに道行く人だけど
絶えて物言うこともなく
心を何にたとえよう　一人道行くこの心
心を何にたとえよう　一人ぼっちの寂しさを

都市人常用的手段，也許不是直接回家，而是約父母在外頭吃頓餐以便各自離去，或直接安排一趟小旅行，好營造一個忙碌又歡樂，卻毋需太過親密的相處氣氛。只是好幾次家庭出遊都沒好事發生，你甚至已發誓不要再跟父母去旅行的誓言，但下一回當子女的又總是不情願地訂好飯店、強迫症般買下機票：「為何我這麼『犯賤』？」

第一個浮現在我腦海的，是那些家庭旅行中朝夕相對而產生的問題，以往在家裡是怎樣被處理掉的？

在 Covid-19 爆發的居家隔離期間，我們從網路上看到各國父母最大的抱怨莫過於：「學校到底什麼時候重開？小孩什麼時候可以上學？」現在我們才瞭解到，其實父母與子女之間多年來有個有效處理彼此關係問題的中介或緩衝——學校。一旦學校消失了，家庭關係中的問題必然會伺機擦槍走火。

小孩去了上學，不管父母實際上心裡是怎樣想的，他們都把理想上的相處時光，延後至週末或是漫長的寒暑假期。只是沒有人想到，當一切面面相覷、無處可逃之際，理想也果真只是個理想，朝夕相對原來只教人煩厭。

或是當孩子假日都只跟朋友徹夜不歸地享樂時，一些被獨留在家的父母心裡也會想著：「那我呢？」此等不滿的情緒日積月累，並不是孩子出社會工作後，每月帶父母上餐館吃一頓飯，一年去一次（國內）旅行，就能讓家庭溫馨自動彌補與歸位的。

尤其是在台灣這個濕鬱悶熱的夏天裡，靠近也成了融合，撫慰也像是侵擾。只是在家庭場景裡，我們不一定看到爭拗，卻是兩灘沉默以對的汗水。這也許就是法國精神分析師克莉斯蒂娃（Kristeva, 2015/2007）所說的，在父母與子女之間的奇異審慎和失語症（aphasia），一種黑色的憤怒！其實早在旅行之前，已日常地悶燒著。

黑色的憤怒比較常出現在母親身上，這也許是無論過多少年、分隔多遠，在許多母親的意志與意識裡孩子從不會遠離；而希望牽著孩子的手、撫摸他、擁抱他的那股失落感，卻會因實際的距離、成年與童年的距離而加強。我猜想，在傳統社會裡，婚後的父親尚可保有自己的「外面」與「工作」，但母親的生活就只剩下「（家）裡面」與「孩子」，即她不再有自己的空間，甚至在跟丈夫做愛前後，還要抽空嚴肅討論起子女的成長與管教問題。

這個壓抑得使憤怒都沉澱成黑色（素）的人，是當了母親後便只能去滿足孩子的女人。用分析的術語，她是把「孩子」視為她的「陽具」，實現她欲望與理想的昇華式祭品，因此，那個不再陪伴在身邊、離家外宿、鮮少回家的孩子，是可恨的！在她的潛意識中，這會造成「跟孩子去旅行」等同「最好的報復時機」，即透過某種方式搞砸這趟旅程？有一位母親在諮商中以聲聲抱怨，談論家庭旅行時子女的一些安排不夠細心，但在下一秒便以眉飛色舞的聲調，得意地分享大吵架後的爽快。

今天，她眼前的不再是需要她犧牲自己來侍奉的「學童孩子」，而是應該好好賺錢去滿足她的「工作孩子」。所以在久違的家庭旅行時，這道分裂的態度便伺機翻轉，使得一些母親理所當然地要求孩子去滿足自己的欲望：「去旅行，讓我享受吧！這是你多年來欠我的！去履行你的責任吧！」。只是這個結局，對意識上的父母而言也是痛苦的。

在這趟旅行裡，一般最被滿足的是（父）母親的自戀，她能夠「打卡」告訴親友們「又」被孩子帶去哪裡玩，從而得到源源不絕的滿足。所以若你問我，到底她是享受「跟孩子」一起去旅行，還是享受被孩子安排「去旅行」，事實上是難分難解的——在拉岡（Lacan）提出的能指鏈下，「旅行↓履行↓女行」一再滑動，教每一種意義都在意識與潛意識間潮

起潮落。這是母親這位「女（性一個人的爽）行」。

一般我們看到的是那股壓抑良久的欲望在亂竄時，孩子會驚訝於旅行中的父母變了另一個人，一種「他們今天到底怎麼辦了？」的傻眼。可以說，原本待在家裡的奇異審慎和失語症，卻變成旅行中的奇異行徑和多語症（logorrhea）。

如果說孩子總是期待在學校複製家庭環境，或希望學校發揮家裡缺乏的遷就與同理功能，那麼可以設想，旅行中的父母也會以翻轉的方式複製了早期的家庭環境，讓孩子手忙腳亂起來，好打理他們的各式要求與欲望。在那個當下，父母像是得到任吃一天無菜單高級料理的機會，他們呈現出缺乏妥協的餘地，挑剔著每一刻備飯與奉茶。

繼續帶父母去旅行——以記住來忘記恐怖

如果家庭旅遊往往像是拿石頭砸自己的腳，那人們為何明知而為之？這在於我們絕少思及，跟父母一起去旅行，是一種以記住父母的方式來擺脫（忘記）他們。

如果我們夠誠實，多少會承認帶父母去旅行，或僅僅想像，內心便感到一陣恐怖（terrors）。恐怖與欲望最大的差別在於，我們不太清楚那個東西到底是什麼——我們可以欲望於家庭旅遊中盡孝，但為何它又會泛起一陣恐怖？——或至少十分複雜。

想起小時候那些明知道父母不高興，卻要裝作不知情地如常跟朋友外出的瞬間，我們內心夾雜著罪惡感、焦慮、幸免的快感、溜之大吉的驚險，而背後等待揭示的，卻是摻雜著幻想的父母的臉容。彷彿在一毫厘的皮膚之下，就是被孤獨和埋怨所燒得黑紅的憤怒！晚上回到家，她居然不發一語的坐在客廳，然後就回去睡了……這如何不教人感到恐怖？

如此，強逼地帶父母去旅行其實是一種防衛，它不只是被恐怖引起的，也是用來限制恐怖感。這是什麼意思？

一再不情願又必須的帶父母去旅行，就像安撫縈繞的鬼魅一般，實在是介於家庭的迷信與知識之間的一套儀式。即透過週期性的儀式來表明我們已然念掛著父母，才得以在平日不相見的日子裡能好好淡忘他們，擺脫來自他們的記憶，暫別座落在某處的家庭侵擾。

如果恐怖的對象總是身處迷霧裡，那就不怪乎人們總是潛意識地用某種特定刺激的方式，重新勾勒出它的形體（Phillips, 1997）。好比帶父母去旅行，誰料想到你們討論起未來計畫、政治或價值觀來，卻突然發現你們對每件的觀點都是衝突的……這些深埋於潛意識中的恐怖，原來正是當年默默構成著那股「我要離家」的驅力，只是一切到了今天才清晰得如此可怕，可怕得那麼讓人想逃離：我們厭煩於居然這不過是旅程的第一天，甚至羞恥於自己竟然是這對父母的孩子。

跟最熟悉的陌生人一起成長與旅行的潛意識核心，能夠跟孤獨無關嗎？

可是別忘記，這是我們自己造成的！誰叫你要帶父母去旅行？必然犯賤的人類啊！我們一旦離家，就開始感到罪惡感，讓我們一再回頭贖罪、犯蠢、逃離、告解、犯禁、撤離、回首……「好啦！下次跟你去法國好嗎？」，用出遊施展逃離的儀式，不可算是一次反抗嗎？

重新勾勒出恐怖對象的形體後，順著被引發的諸多情感作為線索，往往能探索出一大堆被隱藏的家庭（黑）歷史！英國精神分析治療師 **Phillips**（1997）認為在「重新勾勒」的過程中，人們心中有一種祕密的快感。我的理解是，我們需要這種從恐怖而來的快感（就像是看恐怖片時的感受），一種揭示真相的快感，並在此快感的助佑之下，才有手段以「重新敘述」與「掌握」那現實又真確的恐怖。

這個回應引領我們回到前一個問題，即為何恐怖不直接告訴我們對象為何？也許是在於，靠得太近時是無法看清楚對象的。就像身處並面向猛獸的血盆大口，小獵物那種不見其牙齒、只見其深淵時，才有的那種恐怖——拉岡正是如此形容小孩面對大「她」者（mOther）欲望時的場景！

換言之，犯賤地面對現實而真確的恐怖時，我們將能夠把自己從父母張開的巨口中拉出來，看清它的原型：一種無法且不知道如何才能分離的籠罩式恐怖！否則，為何我們從小每次外出時，父母的臉上總是透露出難以言傳的神色？彷彿我應該寸步不離，永遠跟他們待在一起。

無法分離的恐怖，最初在家庭的日常裡只是模糊不清的莫名感受，直到離家後的我們跟父母相約旅行並重新經驗它時，才得到另類而祕密的快感：一種超然的安全感！好讓我們能跟自己悄悄話：「我跟父母有太多價值觀的不同，這正是無法共處的原因！只要熬過這幾天，我們就能好好的分離，他們也再沒有藉口說我冷待他們了！」

任何對恐怖感的解救，都需要建立於「有什麼是真的值得好害怕」的基礎上！所以在臨床上我看見，人們有時候是自己產出幻覺般的恐怖，以把它排拒在外，藉此保存自己心裡好的東西：「有什麼好害怕的？壞是他的壞，而好是我的好！」這裡要表達的，不過是在無法分離（對彼此皆然）的恐怖中，生命如何根據潛意識的路徑，發展出自己的生存之道與儀式。

寫到這裡，我其實不曉得不情願但仍要跟父母旅遊一事，跟「孝道」是否有關。若是有關，那孝道的質地，大概是屬於一種無法分離的恐怖衍生物吧？

在沒有答案中離家出走

看過不少愛去旅行的人，會把「去」說成「回」，回日本、香港、台灣、韓國、泰國……老一輩以為這是少年們的玩笑，然而玩笑不也最常透露出某種真相？重點不在於去哪裡，而是在於要「回」的那個地方不會是當年的那個「家」。

對離家住外的少年來說，離家的原因與動力總是千絲萬縷，常常在還沒有搞懂自己要找的答案到底是什麼時，已經踏出了家門！

沒有關係，生命歷程不就常常如斯必然地發生著嗎？豁出去闖蕩異地吧！儘管快活而內疚，又被世人與自己追究，你就是要在懷疑之中相信自己的抉擇，反之亦然。

而對父母們來說，子女的毅然離家一定勾動你神經千萬條，害你急著為彼此找個原因與答案，只是少年眼中錯誤的回應亦千萬種。單純的支持他們，是錯誤的，完全的不支持，仍然是錯誤的。那麼就耐心前行，讓時間解決它能解決的。如無意外，尋覓到自我的遊子，就會以他們的方式再次回家。

最後，回到文初那位來訊的心理師，他覺察到自己有時候會像個成熟的大人，支持個案作出離家的決定，但面對自己內心與外在的家庭議題，又總是另一回事。不過，心理師終究也只是個平凡人，這種平凡讓我們必須親自走過離家（與回家）的路，才可能在路上真實地與個案相遇。

2-4

心靈房空洞：前任幽靈們與家電故障

用「凡走過必留下痕跡」這句話來形容每個人的初戀——精確而言，是因為用情至深，而被視為初戀的那（幾）位——是最適合不過的。

只要我們對自己誠實，就會發現今天的生活，有著許多前任們所留下的印記。跟那些讓你又愛又恨的對象們分手以後，你開始不自覺地染上對方的某個習慣、用上某個他喜歡的品牌、說起某句她常掛在嘴邊的口頭禪、哼唱起舊時他天天給你播放的歌，然後在哪天才發現那首流行歌帶給你最愉快的消磨。

這些點點滴滴，被帶至你日後的關係裡面，只要不說出來，它們都被當作是你個人的嗜好，迷人與品味的特色或堳角。

一張空椅子：是多了，還是少了？

前任讓人難忘，或想忘也忘不掉，在於我們是如斯地投入過深情與期望，才教失戀時人們以為自己只是失去了情人，殊不知更是失去了「被愛的感覺」而痛苦不堪。不管是誰先提分手的，一但要處理那份覆水難收的情感或寂寞難耐的空虛，就只能夠把自我的一部分領地劃給對方，給對方住下來，也就是人們常說的「心裡總是有一塊留給對方的位置」的意思。

如此，我們便潛意識地跟對方保有暗地裡的關係——一個小動作、習慣、品牌、口頭禪、流行歌——總是以某種不自知的方式緬懷著那段過去。

不過，我們不只是在心中給對方留了個位置，因為人們也常常把分手的痛形容為「從此，心裡少了一塊」或「有個永遠填不滿的洞」，又要怎樣理解呢？以佛洛伊德的術語來表達，就是人們原本黏著於對象身上與心象的原欲（libido，也就是愛、性、情感的力量），因為失落而不知所措，但是在不捨也無法挽回關係的困頓下，只能撤回自我之中；但為了留住舊日的關係，便讓部分的自我認同於對方，繼而與原本的自我分離開來。最終，對象的失落被轉化為自我的失落。

用一個比喻，如在心房的一隅，原本是沒有這張椅子的，但因為失落，我們搬來了一張椅子（多了一件家具），看著它說：「是想像也好，象徵也好，這是你的位置，我永遠地懷念！」，然後在它的旁邊擺放屬於你們回憶的相片和紀念品，那些愛的恨的、快樂的悲傷的種種——成為你每天用作暗自懷念的嗜好與品味。然而，房間的這一角落便永遠不能更動，這張孤獨的椅子亦只能夠在時間彷彿停頓的時空裡塵封地空放（少了一個空間），從此，心房裡便有一片失落的角落，這角落不再是我們能夠掌握的，那是自我的失落。因此，若說有什麼失戀後遺症，那就是人們從此在心中「少了一塊」，房間裡有個地方不再純粹屬於自己的了。但弔詭地，「少了一塊」又是一種「多了一塊」：那已然逝去的愛人，已經偷偷進駐內心，成為潛意識的房客。

這個房客以「不在」（absent）的方式「存在」（present），像我構想的，他以一張空椅子來意謂上面坐了某個人的影子（shadow）。這難怪佛洛伊德會把這種對失落對象的認同，比喻為（Freud, 1917）：

「對象的影子籠罩在自我之上（Thus the shadow of the object fell upon the ego.）」

潛意識的房客就是靠著椅子，以不在的方式存在，成為心房中偶爾現身、讓主人又驚又怕、持續讓其他家電失靈的幽魂。

讓家電失靈又害慘屋主的前任幽靈們

如果跟前任們的關係，是因為無法好好哀悼而被潛意識地拘留下來，那麼這批進駐心房的幽靈們，必然會在你意想不到的時刻，讓家電失靈，好告訴你他們的存在。

有一種家電嚴重失靈的情況——可以理解為憂鬱（melancholia）——人們會不斷在這些念頭中輪迴：「除了他以外，我不可能再愛上別人」、「我會孤獨終老，不可能再有人像她那樣愛我」、「我是個爛貨，所以他才會離開我／我才會傻傻的跟她提分手」……甚至是分手一段長時候以後重新聯絡時，人們心中又抱持某種信念（或妄想）：「也許他（她）心裡，還是喜歡我的吧?!」

雖然說這些念頭，都是由於潛意識地希望挽留一絲關係，是自己打從心底放不下對方所致，然而，一旦這些幽靈害到自己，比如人們開始自問：「為何我要為了他（她）把自己弄得這麼失魂落魄?」、「我是什麼時候把生活活得一團糟?!」、「我難道要因為他就不能再好好戀愛嗎？」……這時候，一股埋怨或自責的聲音便會升起：「×××（自己的名字），你可以振作一點嗎？你可以不要那麼廢嗎？你活成這樣，不去死一死還有什麼用呢？」──人們想一把火燒掉自己的心房。但事實上，這種自我斥責與貶損，卻是以某種隱諱的方式來斥責對方：「你（的愛與離去）把我害慘！」

為什麼自我斥責是一種斥責對方呢？別忘記，由於「對象的失落被轉化為自我的失落」，所以攻擊自我在某程度上又等同於攻擊對方，反之亦然。但問題就在於，我們都不願意那個布置得美輪美奐的椅子角落有絲毫的破損，因此，我的老天鵝啊！我們居然把其他因為幽靈的存在，而不定時閃爍與失靈的電視與電話、會自個兒發出聲音的沙發、會突然移動幾公分的桌子……通通砸爛掉。這就是憂鬱者常常把生活「活砸」的心理學原因。

但為什麼沒有人想過，我們可以趕走或封印幽靈？也許，有幽靈作伴，我們至少不會那麼孤單。連幽靈都沒了，房子就只剩下獨自一人的迴音了。

事實上，跟幽靈「獨處」久了，就會造成一種有趣的現象，即我們所找的下一任戀人，

都會跟它長得有點像。一般來說，只要分手的打擊沒有太過嚴重，或在相對好的情況下，人們就會漸漸康復，有動力重新出發以尋愛。只是往往有個迴避不了的新問題會出現：人們以前任的「理想版本」（the ideal version of your EXs），作為日後下一任交往對象的「度量衡」！

要度量和衡鑑的東西可多了！從「對方有沒有像我的某一任般體貼和讓人心動？」、「能不能像初戀般注意到我的各種內心戲」，以至「他／她的親密技巧能否像第三任般讓我滿足？」……然而，說穿了，初戀那位也曾經被比較過，因為父母才是精神分析定義下每一個人的「初戀」。我們從小就跟父母（正向／負向地）依戀、渴慕、談情、說愛……與此同時，人們也傾向愛慕自己的樣子，不管你是否自己或別人眼中的胖子或醜八怪，但我們總是如精神分析師拉岡所說的鏡像階段（mirror stage），即自小透過觀看自己的鏡中影像，從而構建起一個理想自我的自戀式完形圖像。所以說，我們以「初戀」和「自戀」來為愛情度量衡，即所選擇的對象，往往離不開以下兩種類型（Freud, 1914）：

①**依靠型**（anaclitic）：指一個人傾向於愛上ⓐ養育他的女性、或ⓑ保護他的男性，以及陸續取代這些位置與形象的人。

②**自戀型**（narcissistic）：指一個人傾向於愛上ⓐ他現在是什麼人、ⓑ他過去是什麼人，

(c)他想要成為什麼人、(d)曾經是他某部分形象的人。

因此，若要細究人們在找尋戀情的時候實在考量著什麼，其實可以從上述六種基本款出發，即父母式的「初戀」↓初戀↓第二、第三、第四任↓……一個個幽靈都會在「對象的失落被轉化為自我的失落」的前提下，驅使所找到的每一任，必然有著其前位者的某種影子，以及有著你對關係中的自己應該是怎樣的自戀影子。一個不誇張的說法，我們總是以「初戀＋1＋2＋3＋……n」的疊影作為指標去尋覓下一任，形成一個能被考究的人類戀愛軌跡。

那麼，在一段段令人難忘的關係以後，人們心房裡的潛意識房客（前任們）便越來越擠擁。在所謂的二人關係中，總是有「第三者」存在，所以精神分析才會有這種說法：從來沒有二人關係，這根本是個劇團吧！這是一種人之常情，前任們於我們的習慣和舉止留下印記亦是理所當然的，因為「凡走過必留下痕跡」，除非那些人只是用來消遣的玩客與過客。可惜的是，在放不下、傷太重、好不了的不幸端，劇團裡的就不是好演員，而是一堆讓家電失常的前任幽靈們班底，用一張張空椅子占領了你的心靈舞台。

當然，按照分析的邏輯，我們應該說父母才是最大的幽靈，要「處理掉」他們才能「康復」之類的說法也不失為過；可是，在臨床實務中，這個工作非並如現在書寫所看到的容易！

很多時候，治療師怎樣說，個案怎樣想，皆無法得到父母與某一任之間的關連，或即使看懂了這個關連，也不知道該拿它怎麼辦。

放下的方式：前任缺點列表VS.為他上香

面對感情失落的痛苦，其實連佛洛伊德也不知道到底應該以怎樣的方式處理才是最好的，他自問（Freud, 1917）：(1)是要明確宣告跟對方關係的「死亡」，並說服自己沒有對方以後的生活會有多好，來迫使自己放下？還是(2)要以貶抑對方的方式，好說服自己把失掉的心早早收拾回來，以投注未來一定比前任好的對象？

過了一百年，某位心理學家在 TED Talk 中談及「如何修補受傷的心」，認為面對分離後無法自拔地「檢閱」前任的 Facebook 動態、Instagram 貼文、聊天記錄，只是造成自我折磨的癮；要戒除癮頭，則可以試著列出這個人不適合自己的每一點、所有不好的特質、所有惹火你的事，然後把清單放在手機裡，隨時自我提醒（TED, 2018）。所以，當我們感覺到對往日的情懷快將復燃之際，就馬上打開一份〈前任缺點列表〉，以貶抑對方的方式來阻斷分手的痛與癮。——看來過了一百年，心理學家針對處理分手的方法，還是老樣子；但這也難怪，因為愛情所造就的問題，已經存在千百年了。

而第一種處理方式，也許是不斷自我暗示「我跟他（她）已經結束了，接受現實吧！」，然後直接刪除對方的社交軟體連結、以往的通訊記錄和各種合照，彷彿彼此從不相識，或者他（她）已經死掉一樣！

這讓我想到在港澳地區有一種幽默的表達方式，比如當別人問起你不願回首的前任時，你可以用粵語說：「吓？邊個呀？食得㗎？你識佢㗎？我唔識喎！（國：什麼？誰呀？可以吃的嗎？你認識他嗎？我不認識耶！）」，或者更傳統的俗語表達為：「佢香咗啦！我㖞日先幫佢裝柱香～（國：他早就死掉了！我昨天才為他上香～）」。而如果前任突然來找你，表示有些話想跟你說，而你又不想跟他再有什麼交集的話，便會說：「好呀，有咩留返拜山先講！（國：好喔，有什麼話都留到掃墓那天再來說吧！）」，這一來是指人們已經把前任放在心中的墳墓，二來是表達了不到對方死掉那天也不再講話的處置方式。

事實上，這就是人們慣用的「趕走」與「封印」幽靈的方式。在我的生活經驗、學習與臨床實踐中，我認為上述兩種方式一旦走向極致與單一化，便只會分別留下「恨意」與「空白」，把「去愛」與「被愛」的力量一同拋棄。雖然，我不否認這又往往是先拉開距離、砍斷牽連、收心、自保、把能量先撤回到自己身上的一個（必須）階段，千百年來，它一定有其重要性與功能。然而，我們會有別的方式來對付幽靈嗎？好比，安頓彼此心中愛恨纏綿的「超渡」？——我在下一篇文章再詳述。

空椅子作為故事的重新起點

當佛洛伊德用「對象的影子籠罩在自我之上」和「人們知道失去了誰，但不知道自己真正失去了什麼」，來形容分手失落下的憂鬱感受時，我在前文中便一直猜想，那只是「失去」嗎？在心裡「少了一塊」又是一種「多了一塊」的邏輯下，即前任透過一張空椅，以「不在」的方式繼續「存在」時，我瞥見了佛洛伊德的困境就在於：他沒有發展自己給出的比喻，無法去解釋對象的影子是「如何籠罩」在自我之上，如此，他才會對分手後「如何康復」一事，束手無策，或只得兩種解決方案：(1)對被影子籠罩的自我動土，直接整片挖空剷平！(2)宣告被影子籠罩的那片自我是受到詛咒的土地，設下結界防線。

因此，關鍵也許在於那張凸顯影子存在的空椅子，它是哪來的？它一直都在嗎？它曾經被誰坐過嗎？

如果那張椅子是我自己原有的家具，只是在戀愛時給某人坐過，那今天不允許任何更動、讓一初塵封起來的痛苦，又是誰造成的呢？

如果那張椅子是他跟我戀愛時帶來的家具，那事實上，即便已經物是人非，他還是送來一份禮物，端看屋主怎樣使用——好看好用的，可以融入心房的一隅；破的爛的，不願丟掉的人，又是誰呢？

如果那張椅子，無論從家裡或外頭搬過來的，是分手後才放在那邊當作紀念碑，那不是代表，人其實擁有規劃、設計、購置、布置及維護的能力，然而人們不相信自己！不相信自己可以做到前面這些工序，卻無力於走過傷痛，重新粉刷屋子或把椅子用到更好的地方去，想像一個有別於從前的未來。

治療失落的傷痛，會不會也取決於我們是怎樣去述說這個故事而定呢？——至少，按我的斗膽，是佛洛伊德的述說裡少了一件家具使然的，這不是他的錯，他作了他偉大的貢獻，卻是許多心理學家都缺乏了一點想像力。

反抗的力量，來自我們發現「失去」也是一種「獲得」，這種獲得也可以說是一種「重獲——復得」（**re-gain**），重新發現自卑的自己也不錯，重新看見痛苦的自己其實有很有力量。

如此，在失落的時空裡，要是我們能夠先試著慢下來，克制對人對己的斥責怨懟，擱置對分手一事誰對誰錯的審判，因為那些證據和判詞往往只是一個人在腦補而已（當然，你絕對可以允許自己就是還在滴血、未能放下、偶爾耽溺），然後看看當下的自己，敲敲心房自問：「我想改變嗎？我真的那麼沒有用嗎？我沒有權利快樂嗎？」，也許你會發現，就像一位曾多次自殺的憂鬱症個案在跟我兩年多的治療快將結束時說的：「我曾經認為在憂鬱中自己的笑容都是假的，我沒有真的快樂，因為我不會區分，但事實上，我也會開心的笑呀！那這叫真、還是假？……現在心裡那種能夠改變和成長的感受，是因為我發現原來在生病的日子裡，我還是能夠快樂的，我還是有可能得到幸福的。」，新的敘述，亦是一種具療效的「恢復」（**regain**）。

（當然，我無法在這裡詳述，在兩年多的治療以來，我跟他是怎樣一同經歷過多少次危機，來達到這個得來不易的轉變。）

2-5

心靈考古學：超渡幽靈的重新安置美學

原本我是想要把上一篇〈心靈房空洞〉稱作〈心靈地質學：關於前任們的沉積層〉，因為佛洛伊德在《自我與本我》中就是以沉積的方式作比喻的（Freud, 1923）：

「當人必須放棄性對象（亦指愛的對象）時，結果常會致使其自我產生變化。我們只能稱之為將對象豎立於自我之中，就如同在憂鬱中所發生的……透過這個內攝的認同機制，自我便能夠放棄對象。說不定這個認同是唯一能讓本我放棄對象的方法。無論如何，尤其在早期發展中，這個歷程常常發生，因此，我們可以假設：自我的特性是被放棄的對象灌注的沉積，它承載了那些對象選擇的歷史。」

當我們被不自知且意料之外的力量干擾時，我們會說「這裡一定有鬼！」，而有趣的是，佛洛伊德對「對象選擇」的沉積層比喻，彷彿就是說這塊自我的沉積土裡「有鬼！」，而且是層層疊疊的豐厚公墓，有著一大票被認同而長駐於此的幽靈們！

可以想像，在不得不放下而必須以認同對方的方式離開，並留下什麼痕跡的過程裡，以父母作為「初戀」原型的「初戀＋1＋2＋3＋……n」的疊影所形成的人類戀愛軌跡，其實就是一次個人情感歷史長河中的地質學考古。

在某塊自我的土地上，我們能夠一層層的往下探查，首先發現先發現第六任年代的微生物、看見第五任時代的氣候與物質、一個曖昧對象帶來短暫的臭氧變化、第四任的小冰河時期……一直到初戀對象的隕石墜落，以及那些童年重要的朋友、家人、父母的情感系譜。

如果單純討論戀愛對象的部分，那沉積在那邊的幽靈們應該算是一群干擾我們日後生活、讓心房的家電失靈、甚至讓人陷入憂鬱痛苦的地縛靈吧！因此，我們最好先瞭解這群地縛靈是怎樣跟自我原有的力量交錯，一起形構出我們找尋下一段感情的方式。

四種尋覓對象的方式

上一篇提到，人們是以「初戀」和「自戀」來作愛情的度量衡，即尋覓對象時，基本離不開「依靠型」及「自戀型」兩種類型（Freud, 1914）：前者指人們傾向於愛上養育他的女性或保護他的男性，以及陸續取代此位置與形象的人；後者指傾向愛上他（現在／過去／曾經部分地／想要成為什麼人）的那個自己。

我們可以試著把「依靠型」地層視為前任幽靈們的總體影響力，而「自戀型」地層則是自我本身以及我們跟各種對象相處下累積的另一股力量；再者，我們加上佛洛伊德認為有兩種最基本面對欲望的方式（Marie, 2018/2005）：歇斯底里式（hysteric）和強迫症式（obsessive）。最後我們把「選擇的類型」與「面對欲望的方式」相乘，就會得出四種尋覓對象的方式：

歇斯底里式的求愛，背後其實是「為了別人眼中的自我形象」而執行的——

①**歇斯底里式×依靠型**：人們彷彿得了多語症，總是向對方講授過去的戀愛經歷，且內容主要是關於自己的奉獻、委屈、痛苦、偉大。可以說，他們依然在索求，卻往往是以「裝可憐、討拍、討摸」的方式，試圖誘惑一個照顧者角色的憐愛與認可！又或者，人們總是想像對方會給自己怎樣的評價，並努力塑造一個理想的形象來討好對方，而且這樣的男生也並非罕見。

②**歇斯底里式×自戀型**：藉由把自過去的戀情中所學到的、或自認為最棒的東西作為一種展演，人們成功以此吸引他人的注意，目的是誘使喜歡的對象必需要去認同他（她）身上的特質。一切曖昧的火花，都由你追我躲的遊玩中開展，然而一旦得逞，對象的魅力與價值便會退減，因為人們真正要的，是讓自己能傲嬌般被欲望的感受。換言之，人們以索求被認可的方式，來決定某人值不值得他（她）的愛。

歇斯底里式的追求看似是一種「被動」出擊，但其實他們要求的是「馬上」的滿足，這跟強迫症式「主動」追求，是光譜的兩極，他們「為了最後能獲得他人認同，願意犧牲自己當下的欲望」，能一再忍受孤獨般的「延後」滿足——

③**強迫症式×依靠型**：人們耐心地服務鍾情的對象，因為他們相信自己持之以恆的奉獻，終將被對方認可而脫穎而出。而在此之前，他們又會對自己會有許多懷疑：到底值不值得這樣奉獻？如果表現出明顯的欲望，對方會否因此討厭自己？如果我某一天怠惰了，對方便對我沒興趣了吧？……總而言之，他們以一種善盡職責般的方式主動追求，並認定對方會被自己的行為舉止所打動，最後得到愛情的勝利。

④**強迫症式×自戀型**：由於常常執著於自己在過去的戀情中所犯下的罪與錯，所以得在下一段關係中好好克制，這想法背後其實反映人們自命不凡的感受。因此，能讓他心動的

對象，必須要能夠看見他（她）對自身言行調整的努力、欣賞他為自我所下的苦功。可是他們總是躲在牆後，把過於明顯的求偶意圖藏起來，彷彿他們是沒有欲望的聖人一樣，只是事實上，他們心中已搭建出祕密的虛擬世界，主動想像各種跟對方從愛情到情色的劇碼，就是沒有要跟對方表露情愫，卻認為愛情的果子在未來會按照劇碼般成熟落地。

———

這四種求愛的方式，對任何人來說都是程度上的差異，因為沒有人不是或多或少地擁有歇斯底里及強迫症般的特質。（當然上面的說明只是粗略地以日常與臨床觀察，把理論作整合的嘗試，它需要更系統與仔細、根據每個人獨特的生命經驗來擴展與修正。）在最健康那端，是人們追求伴侶的成熟技藝，能夠彈性轉換，成為得意的人格特色；在最失衡那端，則是人們受制於潛意識而做過頭又僵化的拙劣手段，是讓人生畏的性格怪癖。而面對失落之痛的拙劣手段，不就是百年來心理學家建議的，要麼以「貶值對方——恨意」，要麼以「刪除對方——空白」的方式來處理？

如此，我們回來上一篇還未回答的重要問題：在「趕走」與「封印」幽靈之外，我們還有別的方式對付幽靈吧？好比，安頓彼此心中愛恨纏綿的「超渡」？！

好好戀愛？沒那麼簡單

在回答這個問題之前，讓我們先記得「廢墟自我站」的重要性，即愛情浮現的前提之一，是按人們對自我不滿的質量而定，繼而發現某人彷彿擁有自己所缺乏的種種理想，而深深愛慕。因此，當情感告吹時，以往一個人的「自我厭惡、無價值、惱恨」都會回歸，教人難以面對失落，只得回到孤獨的車站。

由方杰填詞的合唱曲〈好好戀愛〉，我覺得很適合拿來說明「超渡」這件事：歌曲中，它分別表述了男方作為不計較名分的追求者，以及女方明明也喜歡男方，卻害怕從知己變情人會出事的裝傻拒絕態度。男方最初的歌詞，就是一種以「刪除對方——空白」的方式來說服自己應該撤退：

完了吧　如無意外　從今開始該好好戀愛
放下從前一段感情　才能追求將來　你就似沒存在

舊訊息應該刪走　再沒留憑證

然而，女方發現把男方拒諸門外，並未真正讓自己從心解脫，卻只帶來更多糾結：

完了吧　然而你不在　情況未像幻想般變改
告別從前總是不易　原來假如只得我在　我竟未能覓尋下一位至愛

這也許就是精神分析師 Reik（1945）所說的：「懷疑自己不能愛，會讓人產生罪惡感」！那些不敢或無法去愛的「內心恐懼者」或「缺乏自信者」，其實也常常有種自我的罪惡感，總是在對不起別人與對不起自己之間痛苦地擺盪。

除了被自我不滿的負面感受壓得喘不過氣，從而不想、無力、無法好好戀愛之外，由於開展新的戀情又代表我們多少要放下對前任幽靈（們）的「舊理想」，並對新對象產出一

個「新理想」，因此對還緊抓著對舊關係的「理想」的人而言——俗語會說「他還未放下前一任」，但問題並不在於那個「人」，而是那個「理想版本」的舊人與自我——也是無法好好戀愛的。所以，「舊理想」總是不為人知、偷偷隱匿、自我欺瞞起來的，才教人對未來感到不安與猜忌，正如女方的歌詞一般：

悔恨從前隱瞞感情　常常猜疑將來　我就似沒存在

這樣的人會失去了自己的存在，因為他把愛的理想固定在無可復返的過去，仍舊在心中默默等著被昔日的情人寵愛，使得他既害怕未來，又失去了當下。那句「情況未像幻想般變改」所指的是，原來我們不接受新戀情，亦從未實現潛意識中對舊理想的執著式幻想，那種沒有事情能夠改變的境況。

如果我們放不下過去的理想，一再被地縛靈纏繞，那麼尤其強調走不出的「創傷」會重複出現的精神分析便會宣告：往往上一任的傷，卻由下一任來承受。因為情傷者把「我愛你，但你不愛我」的公式，用潛意識的恨意複製到新的關係中，讓自己逐漸成為不去愛的那位，教對方反過來體驗到「你愛我，但我不愛你」的痛苦，如同自己所承受的痛苦一樣。

記得陪伴我整個碩士生涯的治療師就幽默地說過：「在人們好好療傷之前，我是會說盡量不要找那個被甩的，因為下一個被甩的往往就是你。」

「上一任的傷，卻由下一任來承受」的另一端表現，是人們反向操作，使自己過分投入與付出，自認為能夠以愛去「感化」對方，從而避免掉重複上一任傷口的任何可能。這操作即便有一些好處，比如教人感到自信和敢於去愛，但背後還未處理的「創傷」一旦被點破，或者因為做得太多而累透，卻發現對方原來並未如「（舊）理想」，最終還是會因失望而放棄。

兩種方法都一再驗證了，在情路上「是我笨　大概必須先經錯誤　才能會分清我心意」的現象。受情傷者在投入下一段情感之前，都有好好療傷、分析清楚自己心意的必要！

重新安放的美學：下一位至愛中，必然有你

若是我們不願意讓過往的情感傷害遺禍至下一段關係之中，我們便有責任去指認出自己心房裡頭的前任幽靈們，把他們召集起來，進行一次會心大會。

精神分析告訴我們，從（父母式的）初戀一路走到婚姻，床上永遠不只有兩個人，卻有雙方所交往過的每一位前任、所投入過每一位曖昧者，這是我們作為人的「必然」。

另外，這亦表示人們的個性中有一部分是在不自知——但潛意識知情——的情況下，就被塑造、堆積與烙印著生命中每一位潛意識房客的一些特徵。要是受傷過後，沒有回頭注意到自己怎樣被他們影響，亦未曾跟他們協商，那他們就必然是擾人清夢的幽靈，讓關係中二人不情願地同床異夢。

面對無法好好戀愛的痛苦，人們總是把前任的照片與紀錄刪光，要求前任把自己的部分也刪掉，命令新對象把他們的前任刪光……我們不是常聽到一種「如果他（她）不刪掉前任，就是不尊重我！」或「還留著那些訊息和照片，一定是還想念著，那回去找他（她）就好啦！」的說法嗎？

作為一位心理治療師，我認為「哀悼」（to mourn）之於療傷是很重要的，而不是一次

又一次的「把對方刪光光」。為我而言，哀悼這個詞已經被簡化和用爛了，它的意義和歷程應該是更複雜的：把發生過的好的壞的、愛的恨的、真的假的，都一一拾回，然後，把這份情感與理想，在心中「重新——安放」（re-place），亦指「舊理想」需要被「替代」（replace）。

既然放下過去實在不容易，那「哀悼」也應該不同於許多人想像中的默默、理智而平緩的一道純屬內心的「哭一哭」工序。相反，它很可能是激烈而曲折的！面對放不下的情感，我們恨過對方、刪除記憶點、渴望時間回到最初、又苦於一切經已逝去……然而，我們會不會找來契機，也許在某年某月某日主動跟對方聯絡，決心把往事聊開，把悶在心頭的想法與感受坦然道出，彼此聆聽與澄清呢？我發現這種「重新（選擇）安放」的方式，代表的不是抹去舊日愛恨情仇的事實，好比一位憂鬱症個案在好轉時，回想前任時說的：「我還是覺得他很可惡呀！只是我不應該因此就被他被打敗。」我們抹去的只是讓自己持續感到無能與絕望的受苦部分，重新發現生命的希望。（我甚至設想，諸如哀悼、放下、走過、安放等，絕對比這裡所談的更複雜、更精采。）

〈好好戀愛〉表達的心境轉折，是在男方認清這份關係的不可能性，以及女方希望男方不要離開，想去瞭解他心中的感慨時發生的：

我（你）用心戀愛　下段道路定更精采
完了吧　仍能撐起來　前進便讓自尊心放開

當我們願意去明認關係的失去，真實地帶著愛過與恨過的種種，勇敢去愛（許多人在關係之中，但內心是封閉的，不敢去愛與感受被愛），以及當我們願意在路途上慢慢拾回碎片，澄清彼此內心的感慨（許多人都在說話，但說的只是空話，無法道出真心與實情），那麼，當我們直面過情感的恐懼（有時候，這種恐懼遠比死亡來得真實），我們便能夠長出重新好好戀愛的自尊。

「重新——安放」或「替代」（re-place）的前提，都是先「找回自己與對方的那份情」，但為什麼是「自己與對方」呢？不是自己一個人哭一哭的哀悼就好了？因為每一個生命之所以獨特，正是我們所愛所恨、每段關係以後所留下獨一無二的那個自己。所以，那一份屬於「我們之間的情」，在心理學的意義上很值得我們好好的尋回——如對方確實沒有愛過，那還有留戀的必要嗎？或對方想愛卻不去愛，那就等對方哪天準備好了，再讓自己思考要不要愛吧？如果無法求證，那我們甘願只看到恨意，而忘記對方愛過自己的那份「我值得（更好的未來）」嗎？

當我們有機會彼此核對，讓懸在心頭的疑問獲得解答，就是一次重新安放過去的力量。即使面對的是無法核對的獨自哀悼，但由於前任幽靈們都已經在心房中了，因此能不能夠重新當上真正的屋主，重新安置（即超渡）他們的力量，某程度必然掌握在我們手中。而精神分析對這個問題的思考，大概就是這個工作的困難度、需時多久、以及方式為何——有的人藉助宗教的力量、有的人找心理師做治療，但更多的選擇去旅行、爬山、夜唱、拜月老、大吃特吃、或投入至某項工作之中。

凡走過必留下痕跡，而那個「痕跡」，無論是作為傷口（幽靈）還是力量（新家具：空椅子），都是有需要被「重新——安放」與「替代」的。在精神分析的躺椅上，失落過後我們不可能真的只剩下自己，除非是你只想要以「刪光」及「貶抑」的方式來處理自己與對方的那份情。相對的，唯有學習「重新——安放」的美學——在下一位至愛中，必然有你存在過的痕跡，只是那個痕跡已經被我好好的安放與替代——我們才可能好好戀愛。

如此，我們終於懂得〈好好戀愛〉中，接在「告別從前總是不易」後的最後一句歌詞，為什麼會是這樣唱：

（男方）然而假如只得我在　我怎樣來覓尋下一位至愛？
（女方）然而假如不只你在　你可願停下來望清這至愛？

人的「在」，總是體現於與他人「在一起」的關係與心中的情感裡，沒有一段關係只有自己「在」而對方「不在」的，亦沒有一種「孤獨」是跟他人「無關」的。問題就只在於我們有沒有耐心與勇氣停下來，好好看清楚當下眼前或潛意識中的，某位至愛。

2-6

風起，哪一天我們會飛？——「追逐」與「實現」夢想的差異

少年，你還在追逐夢想嗎？

在大自然中成長的小孩，也許一輩子堅守山林之子的身分與責任，已經是他最了不起的成就——有時候，我多麼渴望因朝拜太陽而成為神劇的要角，如普韋布洛（Pueblo）的印第安人中的一員，他們是聖父之子、太陽之子，「我們必須每天幫助祂從地平線之下升起，好遊走於空際。我們這樣做不是為了自己，卻是為了美國，為了全世界」（Jung, 1939）——這個象徵生活，讓人們肩負偉大而神聖的責任，且活得充滿意義。

只可惜，從小用霓虹燈當作光合作用來成長的現代都市人，彷彿沒有什麼夢想，就是一條人我眼裡認證的鹹魚。也許，你並非沒有夢想，只是一再敲問：「哪一天，我們會飛？」。

會是風起的那天嗎？還是待我們拚死爬上某座高山，才能乘風翱翔？又或者，我們真的會飛嗎？

算了吧！既然已經賺到一份足以養活自己的薪水，生活亦安定下來，還談什麼追夢呢？算了吧！既然自己一無是處，才情缺缺，還追什麼鬼夢呢？算了吧！我的夢想完全不是那種會擦亮社會大眾眼睛的偉業，又何以值得努力呢？顯然，站在不同位置的人們，都能夠說出一句「算了吧！」，所以我想，問題並不在於夢想本身，而是那條走向它的路途或狀態上。

風起了，你會怎麼做？

我想藉宮崎駿二〇一三年（宣稱）的告別作《風起》（風立ちぬ）以及二〇一五年由黃修平執導的香港電影《哪一天我們會飛》，兩者所呈現的態度，來談「追逐」或「實現」夢想這事件。

兩齣電影都有一類似的名言。在《風起》中，男主角堀越二郎及女主角里見菜穗子一起道出：

「風起了，你必須試著活下去（Le vent se lève, il faut tenter de vivre.）」。

而《哪一天我們會飛》裡，女主角余鳳芝則說：

「我覺得夢想，應該係當你就快停止呼吸的時候，仍然覺得一定要做的事。」

這兩種對夢想態度的表述，形成一種有趣的對比。

首先，《風起》甚至沒有把「夢想」兩個字放在句子裡頭，它頂多是表達「（在追逐夢想的路上），若災難來了，就先努力活下去吧！」的態度。這種盡力去面對眼前問題的精神，確實使男女主角都達成夢想——堀越二郎打造了心目中理想的飛機，里見菜穗子即便身患重病，亦有幸與愛人完婚。諷刺地，《哪一天我們會飛》的余鳳芝把夢想「該為何物」說得擲地有聲，不但未曾實現，她更困於不滿意的婚姻之中。

兩齣電影另一個共同點是，《風起》的堀越二郎因為有近視而無法成為飛行員，便放下原本的夢想，改為去當「飛機設計師」，而且是十分成功的一位。而在《哪一天我們會飛》裡喜歡余鳳芝的男主角蘇博文，則是因為色弱的缺陷，所以只好把當飛行員的夢想轉為「飛機工程師」。可惜的是，蘇博文未有如堀越二郎般成就自己，他仍困頓於無法當一名飛行員，便在一次衝動下偷偷駕駛了一台小型飛機，好一圓夢想，亦意外身亡。

如此，我們看到盡力面對「眼前」問題與執著於「過去」問題的差異。可以說，有沒有順從風起風落而翱翔憩息，抑或是在無風的日子仍執念起航，使得人機俱亡？這造就了兩種不同的人生——前者活在「當下」，後者卡在「過去」的潛意識挫敗之中。

然而，堀越二郎真的成功了嗎？他透露：「我唯一想做的事情就是打造一台美麗的飛機」，而在片末，他卻為自己的作品（零式艦上戰鬥機）被大量投入於二戰所造成的災難而傷感。某程度而言——亦因為他未能成為飛行員——他其實沒有繼續「追逐」夢想。反之，真正追逐夢想的，其實是蘇博文，他真的成為了飛行員，「實現」了兒時的夢想，只不過，亦是他最後一次飛行。

追逐夢想指向過去，實現夢想指向未來，但活在當下

若把「夢想」二字拆開，我會寫作「夢（境）」與「想（像）」。一種想像的夢，而夢境又是私人願望的實現，為此，人們的夢想皆可謂是：以想像的方式，活在私人的夢境裡。

那麼，「追逐夢想」也許從沒有將人帶往「真實的未來」，因為它是一種無法忘懷又不斷地自我複述的想像物，只造成生活的目的限制與強制滯留，如同《哪一天我們會飛》的蘇博文一般困於「過去」的執念，追逐的僅是作為潛意識場景的夢境，那個無法在意識上實現的願望。

如此，可以說有兩種夢想態度：「追逐」夢想與「實現」夢想，它們其實不是同一條道路上的。

「實現」夢想的只有堀越二郎，因為他不「追逐」它！這是什麼意思？

夢想，按精神分析師 Christopher Bollas（1993）的說法，就是一種我們對未來所設置的場景——他稱作「潛在的夢想家具」（potential dream furniture）——這場景裡頭，有未來的自我想像，和此未來自我的心理狀態。重點在於，這個未來的自我，必然是個愛好沉思的流浪英雄，將未來置於「懷疑」之中。一如堀越二郎，他以沉思之姿，一再懷疑自己創作的飛機場景、一再想像機械組件（家具）的可能性、並一再順應流浪的生活（逃難、搬家、被追捕、寄人籬下）。

夢想的實現，是會一直在路上，被好沉思的流浪者一再懷疑與組構，以某種順應之心——也許更是一種臣服（surrender），臣服於自身的天分與缺陷、環境的機遇與糟遇、時代的穩妥與變遷、以及自身潛能（potential）所帶來的種種可能性——於每一個凝望未來的當下所修正的。

承認限制？可以用算命來補漏嗎？

現在我們繞道一下——既然在Bollas「潛在的夢想家具」的觀點下，實現夢想者要順應或臣服的先是種種限制，那麼能否說我們得先承認限制，才可能看見優勢、看到自身還不知道的潛能將帶來的可能性？

也許說「承認限制」並不難，因為我們太習慣於去求助各種星座、風水、塔羅、命理之說，馬上用「今年要注意的是……要達到目的就要配帶……在家裡什麼方位放個……」的遮羞布來掩蓋還未看清楚、未思考過怎樣處理的限制。其中一個關於才能的限制，便源自神經生物的限制。

日常生活中，我們很常被一種「努力就有成果」，或它的反面「沒有成果是因為你不夠努力」的因果邏輯困住，因此考個爛成績回家時，父母那些「都是你沒有用功！」打罵，就變得合情合理。但是，今天神經生物科學的發現告訴我們，人是有限的生物，許多東西都受到基因遺傳的影響，好比智力與各種感官（有些人天生五音不全、手腳反應比較遲鈍、有些人是學習障礙者）相關的發展。

要記得，人們說的才華、天賦或才能，它如同心理（psyche）一樣，亦有著身體——大腦（body-brain）的基礎。心理成就所指涉的情緒成熟，某程度而言就十分依賴大腦發展，它以身體與遺傳為基礎（我們無法強迫三歲的小孩知書識禮，且不會亂發脾氣）。而夠好的遺傳因素，也得在後天營養的支撐下，才發展出遺傳所允許的功能（讓我們記起因營養不良而引致發育不良的可憐孩子）；而任何智力的缺憾或優勢，面對環境時得到的挫折或成就，又會反過來影響心理狀態。

由此可見，人類的心智或心理功能，是建立在身體——大腦的基礎上，即溫尼寇特（Winnicott, 1988）說的，離開大腦及其功能，心理就不存在。

我們無法迴避基因遺傳所給予我們的生物、以及由此衍生的心理限制。好比在心理治療的臨床工作中，我們亦無法忽視家族病史的遺傳問題一樣。

讓我以神經精神醫學家 **Hannah Critchlow**（2019）所舉的幾個生物例子，配以一段減肥歷程來說明限制的問題：

(1)下定決心減肥的你，明明按照健身教練或營養師的各項建議，但效果還是不如理想，原來是自己較一般人有更強的易胖體質——這體質在遠古時期有其意義，由於當時食物不足與打獵的需要，所以攝取較多卡路里的基因更可能遺傳至下一代，以提高生存率。

(2)辛苦了六天減肥，終於來到可以正常飲食的週末，卻不經意的吃得太多——也許你的胃部受體天生不太敏感，無法有效告知大腦已經裝滿吃飽，即控制飽腹感的煞車系統來得太晚。

(3)因此，原本已經吃了半個披薩的你，深深因缺乏飽足感而悶悶不樂，所以把剩下的半個也吃掉——享樂迴路基因決定的受體需要攝取更多的卡路里，才讓人感到愉悅感而停止進食。

當然，如果說基因完全決定了人生、命運與意志，那我們不只掉回遺傳決定論（**genetic determinism**）般宣稱人類大部分行為，都是由基因組成所控制與決定的一種生物決定論之中，更會失去努力改變的動力與毅力。

現今主流的生物學界認為單一基因本身對於人類的行為貢獻程度甚小，而強調後天與基因的互動造成的影響，因為基因與環境間存有互動的作用。只是早年的互動結果（神經迴路的連結網路）會不斷影響著人們看待世界的「方式」、以及與其互動的「態度」。即使到了晚年，我們的大腦其實仍不斷改變，長出新的神經元與迴路，有著一種終生的「可塑性」。

然而，這又不代表「可塑性」應該被無限放大，彷彿人們能夠輕而易舉地改變自己。近來市面上許多人把持著「大腦的終生可塑性」的理念，滑坡地主張人們能夠靠一些方法、行為或訓練而輕易改造自己，藉此「改變命運」的迷思，比如「敢夢就能成真」、「吸引力法則」、「行動，全宇宙都會幫忙你」等過度自信、或至少是過度簡化的「可塑性」論點，繼而量產「潛意識：發現自身潛能與改變命運」一類課程與書籍的社會風氣。

也許「潛意識：發現自身潛能與改變命運」在某種程度上是正確的，但前提是某人想要改變的思想或行為，其實尚未達到先天基因的限制，因而在接受任何師傅或課程的引導後，他自然能輕而易舉地達到一定成效，但這個改變的結果可能跟「潛意識（治療）」毫無關聯，更遑論人類行為的成因受到眾多因素的影響。過度簡化的「可塑性」，只會使它成為一種偽科學或單純的信仰，再次阻擋我們真切面對自身的限制。

從口味到才能，有些事情就是不由自己控制

英國里茲大學（University of Leeds）人類食欲研究小組的生物心理學教授 Marion Hetherington 發現：母親的飲食習慣會在懷孕時就影響胎兒的大腦迴路，形塑嬰兒的食物傾向！例如愛吃大蒜和辣椒的母親會透過羊水把該食物成分，傳遞給胎兒，使嬰兒傾向追尋這些氣味，會本能地把頭部與嘴巴轉向氣味的來源，作為長大後食物口味喜好的雛型。

這讓我想起在普遍不喜歡吃榴槤的台灣人中，有個家庭因為母親在懷孕時依然保持吃榴槤的習慣，而她的幾名孩子長大後都對榴槤毫不抗拒，甚至說是十分喜歡。這讓身邊許多聞到榴槤氣味已經叫救命的朋友們不解。

當然，你可能會覺得如果神經生物的影響只是對食物的口味，那其實無傷大雅，因為不吃榴槤不會怎樣。只是說，若生物遺傳所限制的，是跟技術與才能相關的呢？事實上，一向強調心理決定因素的精神分析，當中分析師克萊恩就發表過這樣的案例（Klein, 1923）：

有一名快七歲的小男孩Fritz，他被描述為心智發展有一點緩慢，於三歲半才能夠以連續的句子表達想法，四歲半才懂得昨天、今天、明天的觀念。Fritz對汽車有濃厚且唯獨的興趣（術語稱「固著，fixation」），繼而產生許多相關的幻想。然而，他不只討厭外出，如走到街上看看真實的車子，又對扮演司機以外的遊戲毫無興趣；他常常花幾個小時通過窗口觀望外頭的車輛，且在能力上完全欠缺定向感。幸好，經過克萊恩一段時間的分析治療後，Fritz開始享受在街上散步，對道路、車站、火車及電車軌都產生興趣，而且他的空間、距離、定向感都有明顯的發展。

這個例子說明了Fritz的定向的能力並非受到生物的限制，而是心理因素的抑制所致。可以想像Fritz未來很可能成為路軌與汽車相關的從業者。但另一個例子就完全不同：

十三歲的男孩Felix智能稟賦甚佳，卻缺乏任何興趣，不愛上課；他不只學業成績差，更不做功課，且有著許多性別相關的奇特幻想。經過分析治療以後，Felix最初展現的是對音樂的興趣，但都是對音樂家的批評，到後來才試著模仿這些樂音，並幻想自己成為樂團的樂手之一。克萊恩指出持續分析下去，Felix可能會真的鼓起勇氣追求對音樂興趣，但是，也需要他有足夠的才華……

克萊恩對Felix的結論，正正指出了心理治療也幫不上忙的體質因素（遺傳的生物性問題）在才能的發展上扮演極為重要的角色。換言之，心理治療能夠處理個體的幻想與焦慮，使其有勇氣去讓他實踐自己的興趣，但也需要他有足夠的、由體質因素撐起的才華，方能真正達成夢想。

青春怎會零創傷？承認限制，才能看見優勢，讓潛能現身

繞道完畢，是時候回到「夢想」的主題。在青春的追夢路途上，當我們困於「努力就有成果」、「失敗全因不夠努力」、「拚了就會勝」等等的說辭之際，亦應該重新思考自身的限制為何：如果要當個建築師，我有空間距離或美學的天份嗎？然後，也可以自問：我努力很久都沒有成果的東西，會不會只是不想承認自己沒有慧根，才不願放棄？

藉由看見與承認限制，「改變」的契機才可能萌芽——那麼，有什麼我做得不錯的東西（天賦）是值得打拚（努力）為事業的？有什麼一直在做的東西（習慣）其實是可以發展的（喜

好）？有什麼才幹是自己還未發現的（潛能）？我應該根據潛能往哪些方面精進（技能）？

我想，面對諸如生物遺傳帶來的個體限制，我們才能夠真實地瞭解所擁有的資源，即自知強弱優劣，才可能知道如何補強修繕，甚至超越限制！為什麼？因為限制亦可能是形成優秀能力的基礎，正如一位色覺辨認障礙者，他既有著繪畫方面的先天障礙，但亦可能因此發展出獨特的色彩與視覺風格。而所謂潛能，亦往往是在這種絕境才被發現的——貝多芬是在耳聾的狀況寫下他只能用心聆聽的美妙樂音。

每一個人都是特別的存在，不只來自生活經驗，更來自獨一無二的基因組成，以及二者交融互動的結果。與其一再抱怨，不如先去認清自己所努力的方向是否受到太多限制，以及所擁有的資源為何，好重新決定該往何處、為了什麼、怎樣努力下去。

《哪一天我們會飛》那首歌名十分弔詭的主題曲〈差一點我們會飛〉，它第一句歌詞便寫道：

鼓起這勇氣　跨出這距離　差一點我們也會飛

怎樣的勇氣？在懷疑中，對流浪般充滿未知的未來所抱持的勇氣。多少的距離？執念與放下，於心中最近卻極遠的距離。那麼，我們就能飛了。

是哪些不能言傳的夢　才令我闖蕩在未知裡
就算知歲月已經歸不去　仍邁步前往　向大世界出去

一個能言傳的夢，是盲目或不加檢討地追逐的，而不能言傳的，才是等待被實現的、總是被流浪者懷疑的未知夢想。不過有一點是正確的，即人們得去認清已經歸不去的歲月，或精神分析所說的「哀悼」，從心安頓那些失落的人與事，繼而，才能夠走向現實與真實的未來。

青春怎會零創傷？

在高中那年，蘇博文等不到所愛的余鳳芝來看他用自製滑翔飛行而跌倒的一刻，已經命定了死亡的結局，他的夢想宛如是對這個創傷的複述。堀越二郎的夢想，則是帶著他無法當飛行員的各種創傷，讓某片天空去孕育出他應得的翱翔，一個在青春的歲月無法想像的夢想。

我沒有要為兩齣電影評分，因為精神分析在該如何看電影這件事上，不應自許專家。這邊只是透過比對來思考「夢想」一事，試圖悖論地指出「追逐夢想」與「實現夢想」兩種不同的自我狀態。前者讓人們奮力追逐的，可能只是無益的過去；後者則保持對未來未知的想像與懷疑，但仍然努力地活在當下。或者說，若然只有「追逐」的動力，卻沒有「實現」的態度——承認限制，區分天賦、習慣、喜好、努力、技能……讓潛能現身，讓我們在限制中找到其他可能性來成就自己——那夢想的起飛，就總是差一點的！

2-7

獨自一個男人——小伊底帕斯的亂想與反抗

若是對男女作傳統又粗淺的二分，我們常會說女性是社交性的候鳥，不只愛聚會、一起聊八卦、就連上洗手間也要相約一起去，就是一群人一起行動；而男性則是獨行的老虎（因為一山不容二虎？），總是一個人打電動、運動、吃飯……社會的目光習慣了男性獨自一人的形象，如果碰巧是一位成功人士，他更被期待是高傲又泰然地獨行，彷彿他自帶「不要打擾我！」的音效。

然而，他真的如此（能夠）單獨嗎？也許他在某種意義上，是不孤單地孤單著？又或者，在精神分析的猜想中，男人常獨自一人的距離感，又是從何而來？

我先不列舉任何案例，卻把一段二〇一八年我在火車上的觀察與奇想歷程，盡可能如實呈現……

（外）男士，與被盯著的母子V.S.（內）兩位男性的對立

在一趟南下的火車車廂裡，沒買到對號座的我在走道上隨節奏搖晃，但過沒多久，左前方坐著的一對母子和站在正前面的一位東南亞中年男士（或許是外籍移工？），這三人便攫獲了我接下來的所有注意力。

那位母親坐著休息，穿著領口略低的女裝白襯衫，外搭上一件連帽外套；男孩大概四歲，看似是不用買票，所以坐在媽媽腿上。至於那位中年男士，原本其實沒什麼特別，他不過在滑手機，一幅火車上的日常景象。可是當男孩翻身，像一隻樹懶般「大」字型趴在媽媽的懷裡，男士便從此目不轉睛地盯看母子二人。

他不是明目張膽的偷窺狂，他有嘗試克制自己的窺伺，然而每當男孩扭動身體，或把頭側側地躺在母親的胸脯上小睡時，男士的目光就必然往其右下方，滑至母子身上。

這一刻的我極為好奇這位男士的心智：他盯上什麼了？他被什麼迷住了？是什麼教他一再回首？

我先是假設這位東南亞男士是一位來到台灣工作的父親，他被這母子的互動吸引，是在於想起家鄉的妻兒……不！在他的臉上我找不到一絲回憶家庭的滿足，亦找不到一抹透露出對兒子或妻子的冀盼的克制式微笑。那也許我能反過來假設，他的回憶都是哀愁的？好比家人已經離異或去世……不！他的眼神中亦欠缺悲傷的餘額。

我可以提出更多假設，好比他只不過在發呆、他就是個盯著胸脯看的好色鬼、他喜歡小孩、是個變童症、他欣賞那件衣服、佩服那個翻身動作……又或者，一切都是巧合或都是我想太多！反正我不認識這位男士，假設再多，都只會被詬病為歪理與狂想。

但我必須跟隨自己的分析式直覺：再多的假設亦不會改變一個事實，就是他那張令人印象深刻的面容：他內在大概有一場爆怒性的震驚，只能用一眼不眨的僵直目光，強行掩蓋那些無法表達的意念。

在這一點上，我先承認接下來對眼前景象所作的，不過是我的「自由『亂』想」（free ‘chaossociation’）：男士的入迷狀態就像是在做（白日）夢一般，他突然與外界現實失聯，完全被眼前他所「夢」見的母子景象玃獲。

清醒的他，正在「夢」見什麼？

是因為男孩坐在身材姣好的女士身上不斷扭動，又任意躺臥在其柔軟的胸脯上的情色暗示（當然，絕少母親會認為這有何不妥）激起了男士的性幻想，才讓他肆無忌憚地忘我窺視？這個看法很有說服力，只可惜佛洛伊德（Freud, 1900, 1933）總是一再提醒說，夢的表象只是願望的偽裝，性願望的實現絕不可能如此直接呈現和被人得知，或至少會以某種扭曲的面貌示人；當然，它也可能是另一種方式，即由於構成夢的願望太過直接的表露，引發的焦慮會使得夢者會立即清醒，把夢的「不倫」劇情中斷！

啊！男士突然意識到舉止的突兀，便奮力轉身（由面向我改為背向我），好克制不讓自己看下去。本以為今天的觀察就此告終，沒想到高潮才正要開始：當男孩開始玩弄起母親的外套兩旁下垂的抽繩時，男士再次深深被迷住，在不知不覺間，已經整個人完全轉身朝向男孩（改為他的左臉側對我），形成兩位男性——互不認識的小男孩與中年男士——對立、對峙般的畫面。

「亂想」至此，我認為剛才的想法有部分是對的，這確實跟母親的胸脯有關，即在「夢」中，她的雙乳是由兩條下垂的抽繩所象徵。然而，我不認為這指涉著情色或引發性幻想的層面。對「小孩與母親的親密互動，是成人性行為的前戲預演」的定錨（Freud, 1905），恐怕只是重彈精神分析重要但乏味的舊調。

因此，我猜想這裡的核心是：兩位男性的對立，源自於一者（男孩）天真無邪又理所當然地享用與占有著另一者（男士）已然禁止採摘的軟軟胸襟。

眼看到的，是一位男士在盯著一對母子，但這裡看不到的，是另一個場景——兩位男性的對立——，這也許是男士潛意識中真實的場景。

誰犯罪？男人，與他自己的男孩

若在此情此景下繼續「亂想」，便無論那位中年男士是否有家庭的父親、是否單身、性取向或國籍為何，都會想到他如此的入迷其實在於「一段已然與他無攸的母子式親密」的潛意識核心——小孩子時期的他也天真無邪及理所當然地做過這樣的事！

然而，這一刻的男士卻站在一位父親般的角度，看著兒子享受著自己的妻子（也象徵了母親）！如果底比斯國王 Laius 要化身為鬼魅，其未訴願的震怒正在於他是一位失敗的父親，居然無能為力地讓兒子伊底帕斯（Oedipus）爬上了太太 Jocasta（也就是伊底帕斯的母親）

的床上！——真的是這樣嗎？

別忘了在漫長的「亂想」中，我唯一能確定的，是男士雖然不眨一眼，但這個「不」卻是用力掩蓋著一次爆怒性的震驚，才會透露如此著迷又僵化的目光。這時候，我才赫然發現男孩的褲子和男士的上衣，居然完全是同款顏色的！讀懂這一上下倒反的扭曲工序，才揭示出這場「夢」中的男孩，其實就是男士本身，男孩不過置換了他本人而已。

為此，男士清醒地看著這場「夢」，實在是看著幼時的自己享受著自己的母親。透過心理的投射，他對自己內在那個永遠的男孩震怒，給予自身最大的譴責：「你（我）怎麼敢肆無忌憚地享用母親的軟軟胸襟！這實在不可饒恕，我絕對要閹掉你！」

這裡說明了一個典型的心理結構，即閹割的父親聲音已經內化為個體超我（super-ego）的亂倫禁令。回想家中的許多父親，他們對被視為自己生命延伸的兒子（與母親靠太近時）所抱持的莫名憤怒、嫉妒與不滿，背後的原因是自身的潛意識禁令被動搖了，彷彿是自己犯下罪行一般：因為那二人，男人與他自己的男孩，原是同一位。

而那些被他眼神強行掩蓋而無法表達的，則可能是「我（你）知道你（我）現在處身不應該在的天堂之中！」。超我（父親）必然會嫉羨自己從母子式親密中被隔離，卻讓兒子輕易遊走於「流奶與蜜之地」（出谷紀 3:8）。

——

我必須停下目光，因為這位男士已經開始從「夢」中醒來，自清醒的夢中回到現實，注意到我這位窺夢者了。

火車繼續行駛，男士夢醒後——我相信他很可能對剛才著迷於母子互動的自身反應毫無概念，因為他「在做夢」——以憂傷得帶有殺傷力的眼神，凝望窗外，繼續獨自一個人的旅程。這時候我看著窗外的景色，想到：喔不！他不孤單地孤單著，或是說，這一刻的他不再「獨自一人」，也從不！

分析師 **Reik**（1963）說過：

「佛洛伊德曾描述過一種男人，他們一旦面對潛意識中屬於母親或姊妹群的女人時，便會變得性無能或者幾乎性無能。這些男人只有在與他們自認類以於妓女的女性性交時，才會發揮充分的性能力。在精神分析的實務裡，人們時常在一些男人的愛情生活中遇見這種情況，但這種情況時常被偽裝或移置。」

意即，當女性伴侶以某種形式，跟男人潛意識中的母親或姊妹相似和連結起來，他就必須服膺於潛意識的亂倫禁忌，使得自己性無能下來。

亂倫禁忌與性無能的潛意識邏輯，我們不時在臨床工作中得到驗證。但也許我們還遺漏了一些重要的事：這個男士是孤獨的、憤怒的、憂傷的，他跟他自己的男孩在某個跟女性攸關的場景中，唯獨他的愛與性被隔絕。

精神分析學者克莉斯蒂娃曾經在〈超女〉（**super-femmes**）一文中向那些女強人提問：「找人抱怨？妳，一位獨立的女性？向誰呢？」但為了打破封閉世界的生活方式，她最後指出，也許只有當「超女們」表現出一點貪婪、不完美和依賴，才會與某人相遇。

仿傚克莉斯蒂娃，我亦要向那些總是獨自一人的「超男」（**super-mâles**）提問：「找人同行？你，一位獨立的男性？找誰呢？」我們會給出與上述相同的答案嗎？還是「超男們」要與某人相遇的方式，是要表現出一點脆弱、不逞強和童稚？無論如何，他們還得意識及體認到內在的那位男孩自己，是如何使他與別人拉開了一個禁制的安全距離、使他困在「獨自一個」的幻象效力之中、潛意識地追逐著無以復加的原初母子關係，一段在當天理所當然，卻在今天犯禁的親密關係。

伊底帕斯竭力反抗的，不只是母親，還有小伊底帕斯自己。

獨自一個男人：小伊底帕斯的旅程

對不屑「精神分析獨特思維」的人而言，落落長又看似有點道理的上文，也不過是我的「夢的思想」（dream thought），也許各種推想僅僅是一個封閉的思考迷宮，自欺欺人。無可否認，有些「夢的思想」的確只是獨自一個人的胡思亂想，但得過諾貝爾文學獎的波蘭詩人辛波絲卡（Szymborska）有一詩作〈迷宮〉，我覺得她以詩人的本能描繪出這種奇特的分析境況，其最後一節寫道：

某處一定有個出口，
對此我全不懷疑。
但不用你去尋找，
它自己會來找你，
它一開始就
悄悄跟蹤你，
而這座迷宮只為你一人，為你

一人打造，只要你能，
就屬於你，只要是你的，
逃離，逃離——

思考迷宮的某處一定有個出口，走過一個世紀的精神分析以自身的臨床經驗，對此並不懷疑，但難就難在我們要怎樣，才能叫從一開始就悄悄跟蹤著的出口，找到打造迷宮的分析師本人。

這件事則可能是分析師一輩子都在學習與磨鍊，督導或老師也難以傳授的心靈技藝——或是說，他以其獨特的生命經歷與天賦，「本能地」達到那些優秀的分析師們所展現對人性瞭解的深度。

而這個技藝，也許就是讓我們的精神，處身坐火車的狀態之中。這意謂什麼？

佛洛伊德就是大量使用「思路」（trains of thought/idea，直譯就是「思想火車」）這個詞，來形容治療師要順著形成夢的「思路」，反方向地作為我們需要跟隨的「聯想路徑」（trains of association，「聯想火車」），好來追尋夢背後的潛意識意義（Freud, 1900）。因此，當他教導個案「自由聯想」（free association），即不加阻撓與篩選地報告心中或腦海所浮現的任何想法時，便用了一個比喻（Freud, 1913: 135）：

「就像你是一位旅客，坐在鐵路車廂的窗旁，並跟車廂的另一人描述你所看到窗外千變萬化的景色！最後，別忘了總是保持誠實的承諾，永遠不要因某些原由，如說出來讓人不悅，就把任何事遺漏掉（筆者註：留在窗外）！」

這時候，個案開始說話，而佛洛伊德便一道處身火車車廂裡了！

即使榮格（Carl Gustav Jung, 1875-1961）試圖反對佛洛伊德那套自由聯想的釋夢技術，但有趣的是他的啟發本身，仍然是針對別人在火車上的遭遇——他的一位同事在俄羅斯坐火車時，看著完全不懂的古斯拉夫文字，突然陷入一陣聯想，並回憶起一些被潛抑而遺忘已久的往事（Jung, 2003［1964］）——，才作出他自己的「自由『亂』想」而產生的！榮格主張夢的實際形式和內容，並非佛洛伊德提出的「偽裝與稽查的結果」，而是有自身要表達的、像外語般才不被夢者瞭懂的「集體潛意識」語言。

在一九一四年跟佛洛伊德正式決裂以後，榮格也陷入一陣精神危機之中，他想放下佛洛伊德種下的權威，卻又無法相信自己的文字與理論，使得他在一九一七至一九二八年之間的十多年，變得低迷與產能缺缺。因此，他以「搭火車」逃離都市，直至他在原始的部落或文明中，為自己的夢與幻覺找到能相對應的故事與象徵，才又安慰地振作起來，於二十年代末再度建立自身的論述。

佛洛伊德不就是在火車上發現了精神分析的聯想方式？榮格不也是以火車為工具，提出他那套分析心理學（analytic psychology）的解夢學說？如此，我才敢說在思考、欲望、幻想的迷宮裡，讓出口找到自己，這個技藝就是治療師的精神要「處身坐火車的狀態」之中。

——

進一步而言，出口之所以會自己找到分析師本人，以及一直悄悄尾隨，不也反映了打造迷宮的那個人，他之所以會打造迷宮和被困於這裡的種種潛意識原因嗎？

可以說，佛洛伊德不只在火車上發現了自由聯想，他本身就被火車一事干擾良久。佛洛伊德本身就有坐火車的恐懼症狀，他必須在火車到站前一小時前趕到車站，方能安心；另外，他亦難以獨自坐火車，而必須找人陪同。這個症狀的意義未被確實，因此它直到老年亦從未解決。其中的一個具說服力的詮釋是「火車出行」象徵著「獨立與離家」，佛洛伊德總是依賴著母親與女性的愛與照顧，因此對獨立（離開她們）深懷恐懼（Fromm, 1959）。直到七十歲的一個晚上，看到路上來往的車輛，佛洛伊德仍然會卻步，緊抓著Reik的手告訴他：「這個症狀（恐曠症，agoraphobia）我還沒完全解決」。於此，怕趕不上火車、不敢搭火車、在廣場上看到車輛會恐懼的佛洛伊德，就是一位小伊底帕斯。

佛洛伊德在《夢的詮釋》中常以自己的夢為例，作自由聯想，但他從未想及任何與火車相關的詮釋。但至少，他讓出口找到迷宮，才能為他人進行治療。同樣，榮格就朋友在火車上的遭遇，提出不同的佛洛伊德的釋夢見解，但十多年後，他也必須搭上火車，在旅程中找回當年心中的異議，那份屬於他的真誠。

因此，在火車的心靈旅程中，其實你和我都潛意識地跟孤獨的自己—每個人心中的小伊底帕斯——相遇。

比別人幸運亦不幸的是，我在處身坐火車的狀態下，即於治療旅程的亂想中，能比較有意識地跟小伊底帕（哈理）斯相遇——故事，有緣再細說——如此，才有反抗的文字，一如本書所記載的。

還是不懂？那就離家出走，來一趟您自己的火車之旅吧！

【反抗】參考文獻

Bollas, C. (1993). Being a character: Psychoanalysis and self-experience. Routledge.

Critchlow, H. (2019). 命運可預測，更能改變（聞翊均譯）。方言文化。（原著同年出版）

Freud, S. (1900). The interpretation of dreams. In J. Strachey et al. (Trans.), S.E. IV-V. Hogarth.

Freud, S. (1905). Three essays on the theory of sexuality. In J. Strachey et al. (Trans.), S.E. VII, 123-246. Hogarth.

Freud, S. (1913). On beginning the treatment (Further recommendations on the technique of psycho-analysis I). In J. Strachey et al. (Trans.), S.E. XII, 121-144. London: Hogarth.

Freud, S. (1914). On narcissism: An introduction. In J. Strachey et al. (Trans.), S.E. XIV, 73-102. Hogarth.

Freud, S. (1917). Mourning and melancholia. In J. Strachey et al. (Trans.), S.E. XIV, 237-258. Hogarth.

Freud, S. (1933). New introductory lectures on psycho-analysis. In J. Strachey et al. (Trans.), S.E. XXII. Hogarth.

Fromm, E. (1959). Sigmund Freud's mission: An analysis of his personality and influence. Harper and Brothers Publishers.

Grosz, S. (2014). The examined life: How we lose and find ourselves. Vintage.

Jung, C. G. (1939). The symbolic life. In The Collected Works of C. G. Jung (Volume 18). Princeton University.

Jung, C. G. (2003). 人及其象徵：榮格思想精華（龔卓軍譯）。立緒。（原著出版年：1964 年）

Klein, M. (1984［1923］). Early analysis. In The writings of Melanie Klein (Vol.1): Love, guilt and reparation and other works, 1921-1945. The Free Press.

Klein, M. (1975［1924］). An obsessional neurosis in a six-year-old girl. In The psychoanalysis of children (pp.35-57). London: The Melanie Klein Trust.

Klein, M. (1975［1928］). Early stages of the Oedipus conflict and of super-ego formation. In The psychoanalysis of children (pp.123-148). The Melanie Klein Trust.

Kristeva, J. (2015). 獨自一個女人（趙靚譯）。福建教育。（原著出版年：2007 年）

Marie, P. (2018). 對面的瘋子：解讀我們日常的瘋狂（張喬玟譯）。漫遊者文化。（原著出版年：2005 年）

Phillips, A. (1997). Terrors and experts. Harvard University.

Reik, T. (1945). Psychology of sex relations. Kessinger.

Reik, T. (1963). The need to be loved. Farrar, Straus.

Szymborska, W. (2019). 辛波絲卡——最後（陳黎、張芬齡譯）。寶瓶。（原著同年出版）

TED (2018/02/27). How to fix a broken heart | Guy Winch. Retrieved from: https://www.youtube.com/watch?v=k0GQSJrpVhM&feature=emb_title

Winnicott, D. W. (1994［1947］). Hate in the countertransference. The Journal of Psychotherapy Practice and Research, 3(4), 348-356.

Winnicott, D. W. (1965［1960］). The effect of psychosis on family life. In The family and individual development (p.88-98). Routledge.

Winnicott, D. W. (1965［1961］). Adolescence: struggling through the doldrums. In The family and individual development (pp. 114-127). Routledge.

Winnicott, D. W. (1965［1963a］). From dependence towards independence in the development of the individual. In The maturational processes and the facilitating environment (pp. 83-92). The Hogarth Press and the Institute of Psycho-Analysis.

Winnicott, D. W. (1965［1963b］). The development of the capacity for concern. In The maturational processes and the facilitating environment (pp. 73-82). The Hogarth Press and the Institute of Psycho-Analysis.

Winnicott, D. W. (1988). Human nature. Routledge.

第三部分

願你，永恆少年

他出發找最愛　今天也未回來
途中那些細節　沒有太多的記載
但為什麼不放開　竟吊在懸崖旁邊盼待
難道信尚有份禮物　等他去拆開

誰若碰到這個他　還望可將那美意帶回家
流落野外　恐怕太快叫他睇化
愛情電影小說也太虛假
誰若碰到這個他　能為他了了這小心願嗎
無力協助他嗎　也願你任由他
騎著世上最終一隻白馬

無論你是愛他不愛他　還是可將那勇氣帶回家
時代遍地磚瓦　卻欠這種優雅
教人夢想不要去談代價
最後即使走進浮砂　沉沒中也會發出光亮嗎
臨近破滅一下　要是信任童話
還是有望看到天際白馬

他出發找最愛　今天也未回來
留低哪種意義　就看世間怎記載

〈家明〉，黃偉文

在前面合共十四篇文章裡，我嘗試描繪「少年孤寂」的種種樣貌。每一位「少年」都希望安身立命，但無奈其生命早期或與重要他人的「關係性」受損，使得「自我定義」挫敗，或即使擁有社會定義的成就，羨煞旁人，其內心卻是頹垣敗瓦地飽受孤獨之苦。從他們的故事中，能看到導言提及的諸多有關孤獨的層面與維度：環境的傾向性造成痛苦的持續性、長期孤獨作為致病因素，或孤獨本身作為防衛的適應性功能、（潛意識地）主動選擇，或被動地困於孤獨、在性別及性傾向上感到孤獨、以及無法獨立於父母等。

聽過孤獨少年們的生命故事後，我們不會再滿足於一般性的心理研究的發現（Burger, 2011），即導致長期寂寞的原因為「負面預期」和「社交技巧不佳」：前者指寂寞者認為自己在社交時表現差勁、別人討厭自己，但事實上他們表現得很友善；後者指寂寞者雖然彷彿沒有多少說話的藝術，但在結交新朋友時不只對他人不太感興趣、不認可對方的談話，更常常談論自己、愛給建議、不自我揭露、難以評估到底什麼時候該說什麼及說多少。或是說，從這些發現出發，精神分析更想知道的是人們「想」和「做」為何會分裂，或缺乏人際關係敏感度的現象背後的心深層原因！

在為「孤獨」與「反抗」作出更細緻的分析探討之前，可以先反過來提問：是什麼阻礙了我們對孤獨與反抗的及早思慮？為何往往要衰老成「智者」時才能面對這些「少年孤寂」？

社會大眾總是把孤獨的標籤貼在老人身上，又把年輕人的反抗去道德化，繼而再把智慧老人的順應天命與喃喃自語，視作最唯美的反抗與頓悟……但治療室的椅子上坐著的，明明就是在孤獨中反抗著的少年們啊！

精神分析有一個獨特的發現是，受苦亦可以當作自戀。這發現至少有兩種意義。直接的說，就是「我在痛苦」這件事被理想化了！一如某些因失落而憂鬱的人，在其幻想中自己受苦越多，就等同他的用情及付出越多，是一種自身越正確、對方越錯誤的潛意識思考困局；婉轉的說，是人們沒有意識到自己實在地孤獨與虛妄於反抗，他們把「我在痛苦」這件事投射到外界，認為困擾都是別人害的，這同時讓他們時刻為自己找來合理化的防衛，來逃避自己需要認清現實與作出改變等。

我認為這種受苦的自戀化，延誤及扭曲了對「孤獨」與「反抗」的思考與回應。一如分析師 Cohen（1982）提到，其實許多嚴重自戀性質的個案（如柯胡特著墨最多的自戀型人格障礙者），他們由於此人格障礙的性質，害自己無法及早求助，往往到了中年甚至晚年，因著各種「自（我治）癒」（self cure）的嘗試與失敗以後，才勉強轉向心理治療。

認清自戀作為「孤獨」與「反抗」的阻礙，我們方能暫且排出已經灌滿腦袋的心靈雞湯，洞悉許多老人智慧也不過是被自戀耽誤了半生的虛假反抗。

3-1

相愛過，才體會到渴望復得的痛苦

一百年前，有位女士專程從紐約跑到維也納找佛洛伊德做精神分析，幾個月後回到美國，親友們好奇她從佛洛伊德的治療中學到什麼，她回答說：

「感情，是生命中最重要的事！」

今天不只是社會大眾對精神分析，或佛洛伊德這個人，有著一種冷酷、古板、不溫柔、客觀得抽離與無情等的刻板印象，就連心理學及諮商輔導的大學生打開教科書時，也只會著眼於佛洛伊德在搞什麼鬼：性欲、攻擊、無法「科學地」驗證的潛意識。雖然我很希望通過這本著作，讓大家對精神分析的心理治療工作有嶄新的想法（或應該謙遜的說，只是在呈現整理文獻後，我目前心裡所期願的精神分析治療工作樣貌），但如果有人過於強調分析過程中二人的關係與感情面向，我相信同行內也一定有人會抗議，因為按照分析的傳統，治療師是要以「中立、節制、像鏡子一般空白、讓治療充斥一定的焦慮感來讓個案的潛意識現身」的姿態來工作。這姿態也就是大眾取笑精神分析師只會躲在個案的躺椅背後，要不只會發出「嗯哼，啊哈」的聲音，要不已經偷偷「Zzzz⋯」睡著了的形象來源。

不過，在翻閱過很多佛洛伊德的傳記或其學生的說法，其實佛洛伊德的治療是充斥情感張力的，個案亦不會只帶著其潛意識與現實的知識回府，卻是對生命最重要的事，感情，有著深切而窩心的感動與體會。

人與自己、與他人、與世界的感情，在潛意識中的能量即是情感（affect）。孤獨（loneliness）是一種怎樣的情感呢？

情感世界中沒有世界語

在精神分析的情感理論（psychoanalytic affect theory）中，最初有兩種假設：(1)情感是種恆定且可識別的心理現象，即人與人之間的情感是相同的（我的生氣跟你的生氣應該是

「同一回事」），而每種情感都有自己的特性（生氣是「怎樣一回事」），又與別種情感相關連（「生氣」可能與「需要發洩」相連），即分析師假設每個人經過教導，都能區分這些由某個字詞（無論是中文還是外語）所代表的情感的差異所在。(2)情感是本能能量卸載（instinctual discharge）的一個層面與過程，換言之，是一次「生氣→發洩→緊張解除」的滿足。

不過，若按照這兩個假設，不只孤獨，就連其他情感都會變成了一種世界語（Esperanto），彷彿每個人的孤獨都是一樣的。

這對於每一個人獨特的生命經驗與主觀感受而言，顯然是錯誤的主張。

好比「焦慮」（anxiety）情感，每個人對它的感受、反應和預期都不盡相同。也許我們會認同焦慮是一種不適與不悅之情，但它也必然有附帶及相連的意念（ideas），即某種想法、記憶、願望、對象等。因此，美國精神分析師布倫納（Brenner, 1974）才指出即使在「語言上」可以區分，但「實質上」我們卻無法把情感逐一細分。它們或近或遠，重疊相異。同時，布倫納還強調了一項重要的事：情感有其本質與發展，此跟每個人的自我發展和功能相互影響。

試想像一個小孩，他會怎樣經驗生氣這件事？他可能覺得全世界都欠了他、父母都是壞蛋，然後他的情緒就像是要毀掉一切，誓必要取回喜歡的那個玩具，直接揍別人一拳，然後爽快地回去自己的小房間。但再長大一點的小孩，被拿走玩具後，他的生氣可能是先訴諸規矩「這樣做是不對的！」，然後他會尋求別人的協助，或先用言語要求對方歸還，再不行之下，他才會考慮用搶的。當然，我們也聽說有些青少年在沉迷電腦遊戲時被父母拔掉電源或網路，他們便失控般攻擊父母。由這三個例子中可見，情感的演變及其與相連意念的相互區分（小孩原初直接的生氣與恨意、被無禮對待下的羞辱式生氣、發狂的震怒與殺意），其實是取決於自我（ego）以及超我（super-ego，人格中的道德部門）的發展程度、結構的複雜性、與結構中的內容而定。

那麼你們大概也會認同，同樣的意識心智現象，對兩位個案來說，其潛意識的決定因素可以完全不同；而同樣的潛意識決定物（unconscious determinants）（如小時候被母親忽略的創傷），對兩個個案身上彰顯出來的意識心智現象、想法與行為，亦可以完全不同。

即便我用「孤獨」這個詞來跟個案A描述他的狀態，但我必須很清楚對個案B說同樣的詞時，二人的孤獨感受、意念、和受苦的方式是怎樣地不一樣。同樣，當我跟個案A說他也許很「傷心」或跟個案B說他大概很「憤怒」時，反而那種情感狀態是類似與重疊的，但我又必須很清楚那個差異（differences）是什麼——正是根據長時間治療中的理解，對個案人格特質的理解——所以最後選擇的用詞是不同的。

人格特質，即我們對情感的感受、反應和預期，以及對一個情感作用於心中時的本質與發展，一定與自我及超我的本質與發展有關。也許在全世界的小孩子身上，我們都能預測類似的情感表現，但一段日子以後，小孩一定無意識地認同了成人與在地文化中對情感的表現方式，即情感的表現經歷了社會化的變異。

如此，我們便進一步肯定，沒有某種情感的世界語，沒有孤獨的世界語。

現在，我們是否要放下情感的探究工作，宣告讓每個人來說自己的故事就夠了？不！不是這樣的！相反，正因為我們已經知道「情感——意念——自我（超我）」三者組成一個現象及本質，因此我們更能夠去探索潛意識的情感邏輯。好比在超我出現以前，人大概是不會有罪惡感的；而早期的超我會使罪惡感被經驗為駭人的怪異感受，除非自我夠強大去應付，否則，兒童期的心理困擾可能就會成形；結構穩定後的超我，使罪惡感成為一般我們語言上所說的那種對不起某人、要去做點補贖的「罪惡感」，但脆弱的自我可能會因為無法應對超我的苛責，而運用各種心理防衛，最後產出如強迫症之類的症狀。可以說，情感的變遷，總是自我防衛（ego defenses）的結果。

因此，我們在精神分析的情感理論裡，是厚豐了對意識——潛意識情感、相關的意念、以及自我（超我）結構三者的複雜關係的理解與論述。對情感的探究工作反而因為得到更精緻的工具而能夠走得更遠更深。這就是為何布倫納說：情感，一如其他心智現象（精神官能症症狀、夢、幻想）般，必須得到分析；情感困擾在症狀學（symptomatology）中總是扮演重要的角色（Brenner, 1974）。

那麼，細緻的探究工具在臨床上是指什麼？藉由它而發現的，如可被定義的情感公式，又有哪些？

若是情感的變遷就像是夢與症狀，同樣是內心各種衝突妥協下的結果，那情感亦會以偽裝的方式滲透至白日夢（daydream）之中。探究孤獨者的白日夢，會讓我們對這份情感的(1)起源、(2)內容、(3)功能角色，有關鍵的洞見。

好比一位男士，他跟第一任女友分手多年，彼此亦不再聯繫，今天亦有新的女友，但他每逢在新關係中挫折、不被理解之際，他便會陷入一陣白日夢之中，內容是以過去跟第一任女友相處的美好時光加工後的甜蜜畫面。若問他這個白日夢給他怎樣的感受，很顯然是「遺憾與悔恨」。男士發現流浪過多少張雙人床，把溫暖一次次轉移至另一雙胸脯，仍沒有一位伴侶比得上第一任，當時主動提分手的自己實在不會珍惜對方的好，但在此意識上的情感底下，其實潛意識中是對對方有著「憤怒和嫉妒」之情。原來多年過去，男士仍不時默默關注對方的社交帳號，看著她過著美好的留學生活和交了閃瞎眼的新男友，而自己卻空得昔日回憶與不滿意的今日伴侶。

意識與潛意識情感間的差異，發揮了防衛的功能：人不願把自己的惡看得太清楚，「遺憾與悔恨」的痛也總是較「憤怒和嫉妒」的苦少一些，還可以保有「失去的最美、最美總是在回憶裡」這種悽美的安慰。

布倫納把「孤獨」情感定義為：一種對失落對象的渴望意念，祈願他的復返與復得（Brenner, 1974）。換成公式，就是「孤獨＝某種焦慮情感＋渴望復得某失落對象」。

男士在新關係中依然孤獨，在於他仍舊在追尋著第一任女友的背影，以及未處理潛意識或本能生命中，真實又不堪的情感與意念。但指出他的孤獨仍然是不夠的，精神分析還得瞭解孤獨只是其中一種形式，一如嫉妒、氣憤、恐懼、悔恨、自責與受罰的需要等形式，都是不同的變體與變遷，好掩蓋著他對渴望愛的那份憂鬱之情。他幻想重新獲取第一任女友的所有注意力，一如他童年時對早逝的母親所那股愛的渴望：活在回憶中的母親是一去不返地最美，才教人永遠追逐。

臨床工作者很值得謹記精神分析的一個重要發現：童年時期身或心的疾病與傷口，乃至對此的想法與幻想，不管它在當時有沒有馬上造成痛苦，亦往往編入本能生命（instinctual life）的組織裡，引致或造成今天各種心智現象；對偶地，我們可以從各種心智現象中可以瞥見「情感」及「當日面對它的自我（超我）」痕跡，即瞭解某份情感在生命中的起源、意念內容與功能角色。

孤獨，是我們仍在渴望失落對象的復返

現在我想要回到文初曾嘮叨地以中文與英文來對比過的，那些孤獨與相關的情感詞語問題之上。

順著布倫納對孤獨的定義，**Kernberg**（1975）視「孤獨」（lonely/loneliness）為「對失落物仍保有其復返與復得的欲望」，並把相關的心智狀態「空虛」（empty/emptiness）區分為「人們（逆來）順受失落物一去不返的狀態」。這用詞上的區分，有助我們更瞭解內心細緻情感的實質差異，因為兩者雖然類似——一如中文裡常合併使用「孤獨又空虛」——我們常認為孤獨是空虛的一個成分或先導者，反過來又認為長期的空虛造成了孤獨，但精神分析發現，人可以一直處在孤獨之中，而不走向空虛。

孤獨，這個詞本身就隱含了一個對象（客體，object），即人心裡仍維持著跟某人、事、

物連結的能力，故言之，是因為有這份掛念與追憶的能力，人才會感到孤獨。相對地，空虛，是喪失這項能力後的心智狀態，完全剩下自己在原地，不（敢）再渴望或祈盼任何人、事、物。

由於兩者的差異，取決於人有否在心中向客體再現（object representation）作出情感或意念的貫注，因此 Boris（1976）以「希望」來區分兩者，他把孤獨者視為仍有欲望、抱有希望、對「擁有希望」一事持有希望，而空虛者也許仍有欲望、但早已失望、對「擁有希望」一事深深絕望、對失落的對象會回來的希望完全死心。

John Bowlby 提出的依附理論（attachment theory）強調每個嬰兒對照顧者母親的離開及再回來，都有不同的預期、反應、能夠忍受的程度。那麼，孤獨者是哪一種？孤獨者是跟所依附的對象失聯以後，仍然對其作出渴望與等待，並始終在準備著當哪天對象回歸之時，總會跟他重新連結。

然而，這種等待重新連結的狀態代表人們一定要有某種去忍受心智與情感衝突狀態的能力，這種比「失望／絕望／空虛」更複雜的心智能力一旦出現，人就必然要經驗到思念、記掛、盼望之苦。為了渴望，他必需去忍受孤獨——換言之，念掛某人的能力即是忍受孤獨的能力——如此，「少年孤寂」的男男女女實在於「百年孤寂」中等待與渴求著。是在等待貝克特（Samuel Beckett, 1906-1989）筆下的那位「果陀」（Godot）嗎？應該是說，我們心中都有屬於自己要等的「果陀」，而這位總是說會來卻不來的，果真是一個「狗頭」[4]！

現在我們整理一下，在精神分析的情感理論裡，孤獨（loneliness）其實與寂寞（lonesomeness）仍有一點差異，孤獨是渴望復得某失落對象的受苦情感與意念，寂寞則強調當中的不適、疼痛、飽受煎熬與苦楚的狀態。空虛（emptiness）的人可以寂寞地受苦著，但不代表他想念著某誰——或是說，對某誰的思念被最深厚的防衛斷絕、接連的橋已被炸毀。而我們也知道單獨／孤單（aloneness）應被中性對待，因為單獨的人可以享受孤單，其至對某些藝術創造力而言是必要的狀態。

所以，孤獨感與寂寞的受苦狀態相關，但與單獨／孤單不同，又與空虛有質的不同。孤

4 我在大學修習相聲大師馮翊綱的「導演與實務」課程時，他提到著名的賴聲川導演在翻譯《等待果陀》劇本時，便是把「Waiting for Godot」譯成「等待狗頭」。

獨感，反映著一種成熟和親密的人際關係的重要層面——儘管他仍未達到情感成熟的那種狀態——因為人若有能力去經驗孤獨與其痛苦，亦表明了有能力去回憶起過往依附對象的心像，及有信念於未來延續依附的希望（Greene, & Kaplan, 1978）。

香港著名填詞人黃偉文在〈垃圾〉一曲中寫道：

留我做個垃圾　長留戀於你家
從沉溺中結疤　再發芽
情愛就似垃圾　殘骸雖會腐化
庭園中最後也　開滿花
被世界遺棄不可怕　喜歡你有時還可怕
沒法再做那些牽掛　比不上在你手中火化
不需要　完美得可怕
太快樂　如何招架　殘忍不好嗎

歌詞中的主角，不因被世界所遺棄而痛苦，卻因為深愛過誰以後才領教到牽掛的可怕。

在這片孤獨的期待中，人就像是垃圾，但垃圾仍會相信只要能留在誰家——亦即保持延續依附的希望——便有可能自沉溺與殘忍的腐化中開花結果。

如果歌詞或小說直接告訴大家「主角是個孤獨的人」，這其實是沒有效果的！它必然是圍繞著這個詞，通過描述主角的情感、他日常的意念、對事物的憂鬱、朝他人的忌妒、向自我的折墮……最終圍堵出大家的感悟：啊！主角十分孤獨，這份孤獨有著怎樣的故事與脈絡，而教人感動與能對此同理。

在出色動人的各種創作裡，必然是充斥豐沛的情感（同時又是一次症狀學式的凝結），必然與斷裂、死亡、喪愛、遺棄及孤獨等災難，交織在一起（Brenner, 1982）。當我在細聽黃偉文在〈垃圾〉中的歌詞（當然還得提及編曲的澳門人陳輝陽），我發現他和應了**Rückert**〈我被世界遺落〉中未盡細道的孤獨者被遺落下的心理現實，那種以垃圾之軀來等待發芽的災難——「久未聞聽我的音訊，也許它認為我已逝去」——顯然，這詩句裡預設了一個會去打聽音訊的他人，主角渴望復返的失落人。

大概狗頭已經把我忘卻，我已經在狗頭的心中逝去，他才不曾回來吧！由於「我確實對世界心死」，所以人是被世界遺落，但在「喜歡你有時還可怕」中，我們還能瞥見落入空虛（或其昇華式處理）以前的孤獨、等待、渴望與執著。

無可避免的殘餘孤獨

現在我要回到臨床的經驗與技術上，想及那位從紐約到維也納做治療的女士說到：「感情，是生命中最重要的事！」我設想她是從孤獨之地回到情感生活的體會中，然而，我在上文強調沒有孤獨的世界語、沒有某種情感的世界語。為處理這個奇怪的言說效應，我現在的構想是：

一種情感的語詞（如孤獨）可以被用作現象的描述，但這時候我們只是暫時用這個詞，來囊括各種複雜、甚至仍然身處潛意識中的情感本源；而當我們說一個人的情感原型就是孤獨時，其實是為了強調孤獨一事（某段經歷）對他生命中的病理性影響力（這個影響力用「孤獨」來標定也許暫時而言最為適合），但在那人意識中的用詞、或他主觀地所感受到的情感，又往往是不同的。如此，各種情感都可能既是本質，又是現象[5]！

因此，要是有人一再的糾纏於「孤獨」的哲學或詩性猜想，而不問實質的、有血有肉的故事，那他只是用「孤獨」這個看起來比較時尚、酷、流行的詞，來取代過去所使用的「歇斯底里」、「自戀」或「邊緣性」，但四者背後所指的潛意識決定物也許仍舊如一。同樣，若是某人一味擬人化「孤獨」，把它說成各有性格與故事，那大概又把分析圈內對這些詞語的心理性質定義與討論都忽略掉，在不知不覺中對情感的起源、意念內容與功能角色作出過多矯情的潤飾（secondary revision）。

臨床上，要是某人瞭解內心潛藏的情感，又重新與世界修好，發現感情的真實與需要，這人想必是在治療關係中揭開與面對了（作為現象或本質的）孤獨感一事。一位戰地士兵跟分析師如此說：「孤獨涉及理解。一旦有人理解了，就不再感到孤獨了。〔……〕孤獨的對立面是依賴。〔……〕你越能夠界定自己，你就越不孤獨。」如果在分析過程中沒有被理解，一種「因著不被理解的孤獨感」就會獨留在個案心中。而若個案不想體會這份孤獨，他便可能牢牢地依賴於治療師，從一週一次，變成一週三次，甚至五次晤談時段。同時，那些缺錢、害怕孤獨、害怕沒有個案喜歡自己、害怕「想當好父母」的自戀無法滿足的治療師，也會好好的讓個案依賴。如此，二人相互依賴，卻再沒有人去理解孤獨，個案也無法從分析中脫身，重新界定自己。

在「孤獨」與「依賴」之間，藉著「（被）理解」與「（重新）定義自我」這雙腿的搖曳前行，

5 我這說法應該符合佛洛伊德的構想，即情感的能量總是在「潛意識——前意識——意識」的心理地形中自由流動，在這過渡空間裡以虛說真，其差別是在於有否跟字詞（意念）綁定，以及，同時補充了布倫納所修正的「沒有世界語」的情感理論。

人就越不孤獨——越能對自我與世界投入感情，就越能包容那無可避免的「殘餘孤獨」。

在逼近無可避免的「殘餘孤獨」[6]之前，治療師必須一再努力、與個案協力找出孤獨或其他使個案受苦之情感的潛意識起源、意念內容或功能角色。我在臨床工作中會先自問，是什麼引發了孤獨，或孤獨又觸發了什麼現象？是什麼潛意識的願望還沒有被滿足過，所以無法被放下嗎？坐在我眼前的「少年孤寂」，他與她用孤獨去適應著什麼？這份孤獨當中的自我理想、超我、受虐、自戀等成分的比例，又是怎樣調配的？它們以怎樣的方式起著化學反應（這又涉及各種可以使用的理論或案例作為助手）？若孤獨有著根本的源頭時，不管它如何變異與錯置，治療師要做的就是找回（重建）那個起源的故事，讓主體跟失去對象的永遠渴求之情，重現於治療之中。若孤獨只是某種防衛與妥協下的情感表象，那辨識情感與自我的相互作用下的變遷，亦有夠分析師花上長時間跟個案共同探索。

更重要的是，個案能感受到自身的孤獨嗎？他也許因著有個治療師來聊天便覺得「很好，我不是自己一人的」，但如果他無法使用治療師，或治療師太過離地與空白、找不到向個案呈現他自己的方式，來被個案使用之時，事實上，診間的二人都是孤獨的。

雖然 Menninger（1958）強調過分析治療是一種雙邊合約關係（two-party contract），即除了分析師要努力工作，個案至少意識上也要保有合作的精神，二人共同合作才能使治療成功。然而，我們也不會忘記，個案就是因著潛意識之苦才來尋找治療師的幫忙，因此，要是治療師沒有真切地覺察和體驗到，孤獨感的實在臨場，那他在面對難以思考下去之困境時，可見的作法就是便捷地以「空洞」、「語言之外」、「言詞到達不了的地方」來試圖「定義孤獨」。這作法其實就是把一切都往「前伊底帕斯期」（生命頭二至三年）推擠，但我對此不予認同，因為這技法某程度上等同放棄思考，拋下治療師的責任與位置，或誤以為就此面質了核心。

很多時候，孤獨感背後反映的，是一些被深深貶損與破碎的自體經驗，或是無法找到出口的貪婪、忌妒、嫉羨與憤怒，就像畢昂說的（Bion, 1975: 95）：

「在某種意義上，這份孤獨是個案他自認為憑著貪婪而創造出來的沙漠。〔……〕這份孤獨無疑會一再出現。〔……〕除了愛意與感情，個案承認自己能得到一切，但即使身處人群中，他仍是孤獨的。」

當睜開雙眼，只看見沙漠，卻看不見任何駱駝時，有些人便急於說「言詞到達不了」，

6見本書導言之3〈百年，或少年孤寂〉。

但這很可能仍然是個表象，因為古老又強大的防衛早已人格化（personification），才使得海市蜃樓是真的，但駱駝是假的；背影是真的，但人是假的；悲哀是真的，但淚是假的。

我認為在柯胡特要求的那種於臨床工作中，深潛至個案潛意識心智的狀態之前，許多看似深奧的言辭只是離地的結論。唯有認識到孤獨所創造的真真假假，或在真真假假的情感下走進沙漠，在此前提下再去提出「語言到達不了（？）」才有意義。深潛下去，代表治療師不可能單純靠想——想像十分重要，但有時候這種「想」只是被理想化地扣上畢昂所稱的「思考」美名——治療師更需要「在場」，感受到那份張力、虛空之力、或移情——反移情的感受，即在二人間感受到那些真實之物（réel），他才自語言空白之處（其實也代表治療師意識上的詞窮），等待（新）語言現身，即讓出口自己找到打造迷宮的人[7]。

當某股情感在移情中現身時，治療師試圖敏感於他所經驗到的種種，因為此時他的內心跟個案的內心境況已發生某種呼應，它可能是直接的、互換位置的、變異與錯置的、被防衛的，但至少在「情感——意念——自我（超我）」中必然有一者是起共鳴了！臨床工作的困難就在於治療師也置身沙漠其中，因此八方無人的沙漠就是一個荒唐的迷宮，有時候我們會重度迷失，自以為在等出口，其實只在等狗頭。如此面向臨床的困難、或為了化解這個難題，將引領我們必然來到「反抗」的精神位置之中。

3-2

孤獨過，才手執起自我領導的反抗

世上沒有完美的心理治療師，因此在晤談之中，個案必然會經驗到不被理解、錯誤解讀、難以言傳、有口無言的孤獨。或像是一位個案說到：「當我聽到別人原來有著跟我不同的想法時，有一個片刻我感到很驚訝，然後下一個片刻是感到孤獨，就像是我立即抽離了，只是以第三視角看著眼前的一切。」換言之，當治療師給出想法，只要讓個案感到二人不是同一國，彼此是有所「差異」之際，孤獨就註定會浮現。

7見本書第二章之7〈獨自一個男人——小伊底帕斯的亂想與反抗〉。

在此「差異」之際，其實也是從私域轉向外在、瞥見人我與現實、試圖被他人理解之際。但同時，心中又會剩下一寸孤獨的方土?我構想，如果這是被正解理解後還必需剩下的，那大概是無可避免的治療（成就的）極限吧！

但更常在臨床工作中遭遇的孤獨，是Fromm-Reichmann（1959）所描述的那種：不同於其他無法溝通的情緒經驗（non-communicable emotional experiences），孤獨感甚至無法被他人同理地分享，這也許是在於他人的同理能力，已被這種深邃孤獨的純粹揮發（mere emanations of this profound loneliness）所喚起的焦慮感所干擾。因此，當治療師無法同理個案時，很可能是遭遇到Fromm-Reichmann所說的真正的孤獨（real loneliness）——也許是前文談到，那作為起源的孤獨，它常被敵意與焦慮的症狀所掩蓋，而個體也無法感知與表達這份情感，因為它起源於嬰兒或童年早期的病理性質的客體關係之中——這代表著對個人親密感（intimacy）之基本需求的障礙。

用個例子說明，如個案渴望被理解，但他又同時對被理解所帶來的那股親密感，乃至對親密感的需求，默默有一道難言的排斥。如此，人們落入「不被理解很孤獨，被理解則意外地孤獨，最終在兩者之間抉擇不了而孤獨」的弔詭田地。

臨床的困局不只引領治療師來到「反抗」的精神位置，當個案潛意識地感知到這份弔詭之情，其實他也已經準備著「反抗」。所以無論如何，心理治療中的二人仍然得面對孤獨與依賴的問題，有時候依賴是作為某種「反抗」，那治療師就應該允許，或當孤獨作為對依賴的「反抗」時，它亦需要被見證。這雙腿的搖曳前行，人就越來越接近那「無可避免的殘餘孤獨」。

事實上，「反抗」在小孩子身上的力量尤其明顯。當他們大叫說一聲：「不！不要！走開！」，我們就知道「反抗」的旅程已經以雛型開展。然後，反抗或認同父母一方的伊底帕斯主題，會以完全超越計算與想像的方式發展至某種「少年孤寂」。純粹以臨床中的淺見，我認為從最一般的行為習慣、性格（防衛）形成、人格障礙、性倒錯（如戀物癖）、精神官能式症狀的冒現、憂鬱等，到今天被政治正確監視得難以好好討論的性傾向問題，也可

8 我只舉性格（防衛）形成為例。這至少能從三個層面去理解，因為症狀的形成就是兩股矛盾力量的妥協結果，因此可以說，(1)當本我（id，介於身──心理的原動力）的力量遇上超我的要求，前者必定反抗著後者，(2)症狀本身就是對兩股力量的各自反抗，如它部分服膺於超我，又默默反抗超我，好讓本我部份滿足，但症狀本身也反抗本我完全的滿足。(3)症狀本身必然涉及某種防衛機制的長期操作，而防衛本身就在於保護，它保護真我（true self）及其本我慾望，不受內外在的異物入侵與侵蝕，它讓人以某種性格來對抗著生命中一再遇到的內外在困難，所以性格（或人格障礙）必然是一種反抗的形式，儘管這種反抗的手段如此教人不堪、常常無效、害到自己。

能從中發現「反抗」的精神存在[8]。

那些感到孤獨的失落自我

要是「孤獨」是「反抗」精神的濫觴，那我們就必然得繼續深潛下探孤獨之井。彷彿以黑暗中最原始的求生本能，去體悟出對死亡的反抗潛能。

導言中，我提及克萊恩女士去世三年後有一篇「被出版」的文稿〈論孤獨的感受〉。在近年被解封的檔案中，發現這文稿原來有四個版本[9]（Milton, 2018）！

在被出版的版本裡，克萊恩（Klein, 1963）曾寫道：

「失落的那個部分，也同樣感到孤獨」（The lost parts too, are felt to be lonely）

就像是某種比喻，那些被未出版而封存的版本，也感到十分孤獨。而下文正要去呈現其他版本中我認為十分重要的孤獨論述——

無可置疑，在「孤獨」的核心，總是連帶一股對「和諧」（harmony）的需要。克萊恩從她對嬰兒的精神分析理論出發，構想人類有一種對完善（completeness）、全然被瞭解（full understanding）、自我圓滿（wholeness of the self）有著深層又過度的需要，這使得無論外在關係多有助益或教人滿意，人們在心底處，仍是會有孤獨的成分。

這種在最好的存在狀態下，仍無法根除的孤獨——我稱之為無可避免的殘餘孤獨——其實反映了自我的整合（在愛的能力下的依賴與信任）任務是未達成的，或是，從來就沒有完美地整合的自我。克萊恩認為人的一生，總是迴盪於兩個心理位態之間，即較原始的「偏執——類分裂位態，PSP」及較成熟的「憂鬱位態，DP」，孤獨的況味也因為這二者而有所區別：傾向PSP的個體是處身於必須安撫某個迫害者的孤獨中，這是由於缺乏內在恆常的保護者，使得他對他人與關係有著貪婪式需要，往往不惜一切代價，只為換取聲譽和成就等外部價值（作為某種保護物）；至於傾向DP者，則處身忙於保存（好）客體的孤獨中，這是源於自身強大的破壞力與失敗的修復能力，相對於PSP對外在人際關係的過度重視，他比較糾結於每天獨自一人時反映於內心的客體關係。

9 封存檔案代號分別為PP/KLE/C27、C28、C29，加上於一九六三年被出版的，合共四個版本。為何有這麼多版本？因為克萊恩原本是想要寫成一本書，而不是一篇論文來出版的。

除了在「偏執——類分裂位態」及「憂鬱位態」中擺盪，無法達至完全的自我整合，還在於我們人格中男性與女性部分（male and female parts of the personality）的互斥，即克萊恩認為一者的發展總是以另犧牲另一者為代價，或是當我們試著整合或修復人格中被排斥掉的性別部分時候，又必然會遭遇到陽性與陰性面（the masculine and feminine side）之間的較勁與嫉羨。簡言之，難以經驗「自我為一」（self as a whole）的根本難題，是人類生理與心理交織的雙性特質（bisexuality）大哉問[10]，這成為孤獨感的重要來源。我想，那個失落的性別部分，確實也感到孤獨。

還有一種是隱士的孤獨。克萊恩明白沒有人不需要獨處（solitude），因為我們皆需要跟自己相處的那段時間，然而她也認為比常人更需要獨處的隱士，其實是與內在（好）客體的關係不夠安全所致，否則，他應該能夠跟真實客體有好的關係，得到更多滿足而不需持續隱居。

若為克萊恩未發表的孤獨論述作個整理，可以說在不同心理位態中，孤獨有不同品質、意義與感受。它至少能分為三個層次：(1)偏執與受迫害的困境，絕望地失去了自我，人就像碎片一樣活在悲劇又隔絕的世界中；(2)渴求一種無需言語便被他人或自我理解的狀態，但實際上人就是失落並無所屬地憂鬱；(3)在自我整合時所經驗到好的客體或經驗可能因為壞的客體或經驗而消失，或在雙性特質整合時一者會消滅另一者時，面對一種恐懼與無可奈何的「不和諧」（disharmony）。

也許，正是一種無可避免的殘餘孤獨之「不和諧」終局，才教克萊恩（Sheet 13）寫道：

「有時候，（在治療中）我們遭逢的並非整合，僅僅是把事物更緊密地連結起來。全然的整合是不可能的！」

原來「整合」只是代表把失落的部分「領回」，然後我們發現，手中握有的與領回的之間，總有一道只能靠近的裂縫，彷彿這道裂縫滲透出一道根本的孤獨皓光。

我認為正是克萊恩在其晚年終於體認到全然的整合只是種不可能的理想任務——同時代表孤獨的命運已來到主體面前，只等待去認清它是可被忍受的，並於心存感恩與心有所屬

10 分析師 Reik（1960）就指出，再直的直男，即順性別男異性戀者，也可能會有「被動同性戀」（passive homosexuality）的幻想與困擾。好比一位年輕男士因十分欣賞某位男性長輩，這股喜歡之情甚至幻想得自問：「如果對方是同性戀而喜歡我，我會接受嗎？」這時候，當他想到在交媾中自己要處於被動的女性位置（被插入）時，便斷然放棄這個幻想的可能性：「不，絕對不！」我認為 Reik 以臨床的實例和應了克萊恩對於雙性特質造就孤獨的問題，在此案例中，年輕男士無法以接受自身的女性或陰性元素，來達至某種隨「性」所欲的和諧狀態。

中，玩味著那揮之不去卻已然不再苦苦折騰的孤獨——才使得她的文稿中散發一種反抗的精神，相當程度有別於她過去的種種的論調。所以接下來，我要呈現封存版本中，克萊恩孤獨的反抗精神。

克萊恩：孤獨中的反抗精神

為了抵消孤獨之苦，克萊恩強調給予寬恕與寬容（forgiveness and tolerance）的同情與能力。自古以來，只有全能的神能一再給予人寬恕與寬容，因此，克萊恩不再認為精神分析是要消弭人類的全能幻想與幻覺，相反，她認為對「希望」而言，一定程度的全能感是必然的！她就「全能感」的觀點轉折處，說得還不夠清晰，但仍試著指出希望所需的全能感與自大狂的全能感不同：它是適度的，像是一種「沒關係，我會實現我渴望的，我能守護我的好（內／外在）客體」的態度。如此，全能感便支撐起樂觀，和有能力等待某個希望中的景象來臨。這個支撐起希望的全能感，可由日本經典動畫《庫洛魔法使》中小櫻每每面對困難時所說的那句「無敵咒語」所體現：「絕對不會有問題的！我要相信自己！」

從去除全能幻想、認清現實，到留住適度全能、保有希望，克萊恩的反抗支點其實仍是同一個，只是作了詮釋角度的轉化：沒有人是沒有全能感的！這是人身為人的必然！大概如此，她才直言（Sheet 105）：

「全能感之重要性：沒有它，人活不下去」

為了活下來，人就必須反抗死亡與偏執——類分裂位態的歪理。就像黃偉文所填詞的〈井〉所說的：

不應偏執到死　先清楚記起　根本這是歪理
我要是為情能沉下去　便有勇氣一力爬起

當有勇氣一力爬起的時候，也代表希望已經重燃，因偏執地孤獨的人的全能感性質（藉由反抗）改變了，現在他相信只要重新爬起，他必定能實現一種渴望的景象，一個存有希望的未來。

在此看待孤獨的視角下，隱士的獨處便隱含「活下去」的反抗精神。獨處，是試圖重獲分裂掉的部分自我及與內在客體緊密連結的嘗試，而此時，外部客體便是某種入侵者。也就是說，主體努力反抗外界的侵擾，是為了保存與連結內在的自我及客體碎片，並相信及希望這個行動能實現他所渴望的未來。

在此獨處中修復，以及我詮釋下的反抗中創作，產出真正的創造力（real creativeness），是因為人們已認識到內在根本的孤獨是無法消弭、必有殘餘，因此他們便把所渴求的和諧與合一，再次歸還給外在世界（原本獨處便是自外界撤離、把外界視為入侵者）。這些人，我們稱之為偉大又多產的藝術家或科學家，他們未必感到負面意義的孤獨，但其心智大概是與孤獨感有著緊密連結。

克萊恩之所以深入孤獨而後從井底上昇，試圖進入藝術家與創造力的孤獨與獨處世界，除了她的人生際遇就涵含這些元素，或我在導言中提及她也許潛意識地給自己下台階以外，不能不提（或更多受益於）被她分析的學生畢昂（Bion）。畢昂讀過克萊恩的文稿後，在一九六〇年三月三十日回信（Milton, 2018），指出在人們整合與合成的能力中，應該會有一種「正常的」孤獨（“normal” loneliness），可是他找不到合適且不帶病理性質的詞，去描述這種狀態。——畢昂想過用「no friendships at the top」這個詞（直譯為「高處無友誼」，中文最接近的說法應該是「高處不勝寒／曲高和寡」，也許創新一點的譯法是「孤高情寡」？）去描述這種「正常的」孤獨。

最終，畢昂設想一種並非對克萊恩理論裡，針對「嫉羨」（envy）他人的次發反應，卻是對那些具真正的創造力的人來說，就是純粹得沒有別種答案與事實：卓越者就是孤獨的（the outstanding person is alone）！

「卓越者就是孤獨的」這種孤獨，不是本質地痛苦或由防衛所錯置的，卻是源於一種獨立（independence），因此，他們必然「孤高情寡」。那群極少數才能卓越之人，總能夠在心智環境中忍受因合成與創造能力下的痛苦附隨物，與之共處。當然，他能否一直忍受並持續創造，是取決於他們與未合成物（the un-synthesised）保持接觸，以及為了產出合成品和凝聚物之願景，這種兼容的共處選擇而定。簡言之，他必須面對駭人又有待釐清的「未知」。

由此可見，畢昂較克萊恩更早碰觸與思索藝術家、卓越者、偉大的創作者等的孤獨質地，以及他們的心智所面對的複雜景況為何。

事實上，除了他的自傳式著作，畢昂的著作大概是到了《精神分析的元素》（Elements of psycho-analysis, 1963）一書，才漸漸觸及孤獨感的議題。你會發現這時間點十分有趣，正是他的分析師克萊恩去世三年後那份於一九六三年「被出版」的論文那一年。

畢昂：讓天才正常地孤獨

我並不打算把畢昂對孤獨的觀點像寫學術論文般逐一耙梳，原因在於他有些觀點仍是克萊恩的複調、他就「孤獨」的論述也寥寥可數（卻極為艱澀），亦因為我還有其他重要的事要細說，但我仍會把重要的段落整理，串連出一種新穎的理解。

首先，畢昂言簡意賅地指出，孤獨感似乎與被拋棄的感受相連，人與自身賴以生存的泉源與根基切斷開來，且人若要達成分離（detachment），就必須背負孤獨之痛作為代價（Bion, 1963）。要從依附中分離與獨立，人就必須反抗，而反抗的絕爽與成就，也必然伴隨孤獨的苦痛。人們可能是想當一輩子的媽寶與公主，不願到外地讀書、避免刻苦自律、不想成家立業之類，簡言之，為了不想感到孤獨（無法再依賴誰），人們便不願「改變」，只想要安穩地活在沒有活力的城市裡。

然而，我們如何能在城市裡迴避日日夜夜的煩囂呢？透過沒日沒夜的手遊電玩？時時刻刻的耳機音樂？週而復始的夜唱夜蒲？還是分秒必爭的約炮神器？

畢昂認為富麗堂皇的城市[11]可能誤使人們認為，除了安居樂業，便是百無聊賴（Bion, 1975）！人類的未來，必需經歷一堆《失樂園》結局之孤獨、焦慮、恐懼，於精神與心智的痛苦體驗。雖然畢昂對人類的未來並不樂觀，但我認為他亦從某種負性（negative）中，看出城市人最大的墮落便是無所事事，純粹的活著，卻不願去面對改變與孤獨的事實。

最後，曾有人就認為畢昂對人類處境與資源的看法十分悲觀，而求問到底該如何應對。畢昂的回應十分玄妙（Bion, 1976: 43-44）：

「我是樂觀或悲觀其實不重要，重要的是我要面對人類。即使是個嬰兒（註：自以為全能），也要依賴他人；即使是獨立的人，也會熟悉孤獨與孤立；即使在人群中，你仍是孤單的——這大概是我們作為個體所付出的代價。事實上你十分清楚，你高度依靠於不值得依靠的事物。但如果你是個領導者，則不應該讓跟你往來的人清楚這件事（註：指依靠的東西到底是否值得依靠），因為當個人的恐懼在得到充分支持時，便會有成為恐慌的危險（註：因為發現不可靠，所以焦慮地四散逃逸）。至少，如果整團被你領導的人都直直跑掉，它的優點是消除了你的孤獨感。這就是為何當領導者阻止群眾跑掉時，他就會處於危險之中。領導者沒有更多資源，但他不應該將他的思想和對情勢的危機意識，轉化為一種對他

11 在文本裡，是指他正在講學的地方，巴西利亞城（Brasilia）。

人而言像是模範的語言。他不應該像 Plaza-Toro 公爵般從後面領導群眾，但是當所有人都跑掉之後，他的位置就在最前面了，即「O」〔……〕這便是孤獨感以毫無差錯的樣貌帶給你自身的情境。」

看不懂？沒關係！事實上，沒有人瞭解畢昂到底想表達什麼。即使在精神分析學界，畢昂這些晚期著作也往往被冠上神祕主義或過度詩意的貶義詞而直接忽略。但也許我仍是少年，所以抱著至少照亮其一寸心井的企圖，在上文加上三個註腳外，還想詮釋出他對孤獨的思考為何。

我是這樣理解的：首先，孤獨在畢昂眼中，總是個體與群體（group）關係中互證地存在的[12]。當人發覺自己非全能且需要依賴一個他人、發覺獨立是源於我們從某人身上分離後才對照出這回事、發覺在人群中仍然在心理上抽離，才更突顯「孤獨」是人類作為有別於、卻又存在於群體中的個體的必然代價。畢昂是假設某個試圖與自身賴以生存的泉源與根基（過去所依賴的群體）切斷的人，但所背負的孤獨與焦慮，使得他又開始回頭尋求慰藉，在城市裡尋覓某種可被依靠的事物，我們在一絲穩定中逃避再多的「改變」——從此，成為了志在迴避避無可避的煩囂、無所事事地安逸過活的「市井」人。

然而，領導者便是另一種存在，他是對立於市井人的群體中的天才，他的責任是引導跟隨者，但他實在是否值得依靠，又是另一回事。為何是這樣？因為領導者是孤獨的（記得畢昂在一九六〇年給克萊恩的回信，提及卓越者就是「孤高情寡」），但他同樣會因為害怕孤獨而需要追隨者，因此他的可依靠性仍然值得商榷。相對的，如果追隨的群眾都離他而去，那他就再次回到他命運般必須面對的孤獨之中，也就是「正常的」孤獨（"normal" loneliness）的前軀狀態，它會解散某種在依賴及被依賴間的孤獨——畢昂說阻止群眾離開是危險的，因為這樣做的話，領導者天才就真的會孤獨下去，而無法靠近其「正常的」孤獨。因此，他應該放棄群眾，不應該再用他的語言去作為模範，好留住追隨者。他不是在前、亦不在後領導群眾，卻是讓所有人都離他而去，事實上，就是人要能夠讓心中的所欲、所憶、所思都隨它而去，如此，人就會來到終極現實（ultimate reality, O）（Bion, 1965），這是一種不可知的原始經驗，人只有成為那個經驗本身，才能對它有直覺的了悟。如是者，這個經驗便是起源的孤獨感，亦唯有成為那個經驗本身才能夠是一種毫無差錯的樣貌，是這

12關於這一點，讀者可參考畢昂一九六一年的著作《Experiences in groups and other papers》，或我刊於《中華心理衛生學刊》三十二卷第四期之拙作〈比昂精神分析團體理論之探究：三個或更多團體基本假設？〉。

孤獨找上了人，而它本來亦居於人之內。我們就是孤獨——非關樂觀或悲觀的態度——的人類，是在本書一開始便已寫出，但還在等待答案的「孤獨我」（lonelinesself，筆者創）。「孤獨我」也許只是個平凡的市民——但非市井之徒，因為他已從井底爬起——他走過精神與心智的痛苦體驗，反抗了對改變的慵懶與恐懼、反抗了自身對需要群眾、知識、記憶、思考作為保證的孤獨。最終，成為了不渴求追隨者的自我領導者，一位群體中正常地孤獨著、保有反抗精神的天才。

由此可見，不只克萊恩得下探深井以發現撐起希望的全能感基質，但凡要對孤獨有所體悟並提出一種人類真切境處的心理工作，畢昂也發現我們得潛進那個被生命裡所有作為異質的他者所圍堵的困局「井」，那正中間的井口「O」之內，好讓精神從站在群眾前或後的水平移動，改為一種活出深度的垂直回溯與昇沈。

在我眼中，這個反抗的精神在〈我被世界遺落〉的最後兩句詩文中已隱匿地示明了：

我已死於動盪的塵世，休憩於寧靜的國度
獨自處身於我自己的天堂、愛情、歌聲裡

人必須「死」於外，才能「活」於內，在獨處中滿足於「孤獨我」正在進行的藝術創作之中。現在我必須回到剛才對畢昂點到即止的原因，亦即要回到「反抗」之於臨床工作的重要性。精神分析就是這樣的「反抗」空間、歷程與經驗，克莉斯蒂娃指出，精神分析是一次主體對自身的「反抗」，即個案跟被假設知道一切、體現了其禁忌與限制的治療師，二人一起沉溺於自由聯想、重尋失落的記憶、情感、說話與為生命重新敘述的權利（Kristeva, 1996）。

「反抗」就是在移情的自由聯想內，個案以某種方式⑴重複（repetition）其過去，如那個還未得到命名的激躁往事，現在於晤談時爆裂時，得到他自己或治療師協助下的語言標記；或是⑵修通（working-through）了一個固著點，如通過治療師一再詮釋某個潛意識意義，使得背後的機制得到解構，或至少呈現於意識與自我的掌控之內；以及⑶修練（working-out）創傷事件，即對它重新加工，以聯想綁定來保持創傷能在意識層面處理，而非被潛抑至日後不明所以而受苦的精神官能症（Akhtar, 2009）。換言之，是主體內情感與意念、意念與身體、身體與意義等之間的連結。

這三者實踐了「違抗」及「禁忌的移置」邏輯之溫和版本——「我不要再受這種苦、被這段經歷影響」及「過去控制我的主人，已經不在其位，或這個權力雖由別的事物接替，但這已經無傷大雅了！」——這使過去得以從井底昇起，然後我們帶著這些無可避免的殘餘孤獨、具希望的全能感、真實的創造力、自井底一力爬起的勇氣、正常孤獨的天才、不渴求追隨者的自我領導能力，便重新對心理空間，進行可能與無盡的更新。

更新心理空間的意義在於，在治療中對創傷（某種異化的自我）一再作出反抗，亦是作出纍進、不斷的、無盡的移置（displacement），使得潛意識中命定般的真理，開始轉化作某種階段性的、臨時的、可被改變的、能被更新與推翻的真相。換言之，人不再對生命兒嬉，卻承擔地起自身的敘說（narrative）責任，對自身與事件的感受、感知、解讀、意義等都得以更新[13]。

然而，彷彿在看到希望或出路的同時，卻驚覺「反抗」的詞源學的意義，就是回返、移置、適當的可塑性、趨向無盡與不確定的運動之際（Kristeva,1996: 29），而且在性質上是一再地無盡！聽到這句話，我們大概都不禁為「少年孤寂」的你和我和他，先深深感到疲憊！原來要在城市好好生活，不過想成為一個平凡的「孤獨我」，亦是一場無盡的旅途——我說過，精神分析沒有「境界」，即畢昂的構想永遠只是個理想——那「少年孤寂」不就變成無盡無終的「永恆少年孤寂」？

那就讓我們來談談「永恆少年」的問題吧！

---

13 有關這些臨床技術的觀點，有興趣細究精神分析的讀者可以參考我的碩論拙作，〈精神分析「詮釋」之概念研究：臨床實務與官方理論再連結之探究〉。

3-3 重新與內心孤獨相遇的《小王子》

分析心理學（analytic psychology）的分析師馮・法蘭茲（von Franz, 2018/1970）延續她的分析師與老師榮格的構想，探討了「永恆少年」（puer aeternus, eternal adolescent）拒絕長大的問題。

作為小提醒，許多時候分析心理學即使跟精神分析（psychoanalysis）採用同樣的字詞，但在定義上可能完全不同，而大家現在需要先擱置一下前述精神分析的思考，先不加批判地瞭解榮格派的說法。

「永恆少年」作為一種心理原型（archetype，一種形式），是指稱帶有母親情結（**mother complex**，形式中的內容）的特定類型男性，他們是像媽寶般對母親過度依賴，或無法從母親的某種控制中抽身。他們從少年時期開始，便有著相關榮格（Jung, 1954 [1938]）所指的同性戀或風流公子（唐璜，Don Juanism）問題，或馮・法蘭茲指稱的不想適應社會，自傲又沒耐性、有著天才及救世主情結般的問題。永恆少年的年輕魅力會持續到晚年（一般年輕人低迷昏沉的樣子背後，亦可能有著鮮活的永恆少年式幻想）。如若是女性，則是指她內心男性特質的部分，即她心中的阿尼姆斯（Animus）是一位永恆少年。

馮・法蘭茲把永恆少年與母親情結作了直接的連結，我們需要先多瞭解母親情結的意義。回到最根本，榮格（Jung, 1954 [1938]）認為母親原型（mother archetype）構成了母親情結的基礎，母親原型代表著人們渴望被救贖的各種母性象徵，如不可思議的權威、母性關愛與同情（maternal solicitude and sympathy）；但它同時有著負面的特質，如誘惑、控制、神祕、匿藏等陰暗面。當兒子在成長過程中，一再受到體現著過度母親原型（如神經質）的母親影響，而形成母親情結時，他們便要麼因異性關係都與母親有潛意識相連而逃避（同性戀），或總是在一個又一個女性身上找尋潛意識的母親（花花公子）。

榮格不強調「永恆少女」（puella aeterna）一詞，是因為他認定兒子的母親情結比女兒身上的嚴重，所以他才說在女兒身上，母親情結是「清楚且不複雜」。它所造成的問題可分為兩類：(1)女性本能（feminine instinct）或母性本能被母親間接影響而過度發展；(2)女（母）性本能被過度弱化，變成代表性欲的男性特質被過度發展，即女版的花花公子。從這兩者中，又變異出兩種受母親情結影響的亞型，一者是婦女自卑於自己的母職，仍過度理想化而依賴於超人般的母親，一者則不斷抵制與擺脫母親與任何相關事物。

因此，相對於簡潔清晰的「女孩×母親情結」——記得佛洛伊德在晚年坦誠自己還不太瞭解女性，榮格在女性方面，倒是顯得自信爆滿的——，榮格在論述「兒子×母親情結」時主要圍繞母親透過異常的性欲化，損傷了他的男性本能（masculine instinct）下的各種現象；但這反而使得關於兒子的論述，處於看似簡化的模糊之中。

榮格認為母親情結帶給男性一種正面的強大交友能力、（若不是同性戀，亦能）在同性間建立教人吃驚的親密關係、以及在兩性關係上遊刃有餘；在他身上被強化的女性本能，使得他有上好的品味與審美觀、重感情、守傳統。但相對於同性戀（女性）面向，其負面的唐璜主義，則會表現為大膽與堅定的英雄主義式男子氣概，總是追求著最崇高的目標，換言之，是過度自信的衝動和魯莽，無法對現實狀況作出慎思的人。他稱這些男士為「永恆少年」，或「智慧之子」（filius sapientiae，這名詞多好聽，用起來卻多麼諷刺啊！）。

被榮格學派負面看待的永恆少年

看過榮格對「母親原型及情結」及「永恆少年」的基調，現在讓我們要瞭解馮・法蘭茲是如何為「永恆少年」問題定調的。順著榮格的觀點，馮・法蘭茲認為母親情結促使「永恆少年」們——基本上，她只強調了負面的部分——只會選擇一份高高在上、不貼地的、充滿理想光環的工作，他們對不喜歡的事情都採取抗拒或消極的態度，因此常常過著一種「暫時性的人生」（provisional life，由分析師 H. G. Baynes 提出），如一直換工作、換情人、換居住地、換計畫、換抉擇，……一群長不大、不想長大的三分鐘熱度孩子！

因此，馮・法蘭茲說她和榮格對「永恆少年」的處方攏是同款：**他們得好好下定決心工作，堅持完成一件哪怕他不喜歡的工作！**

在上世紀中葉，馮・法蘭茲認為同性戀和花花公子的泛濫，是榮格所說的永恆少年的主要現象。而到了二十一世紀的今天，如果馮・法蘭茲仍在世，大概會認為同性戀和不論男女的約炮文化的檯面化，是爆炸的永恆少年現象！也許還要加上自傲於比他人都明智的無神論青年、沉迷身心靈和占星神力的神祕少男少女、天天上健身房以肌肉取勝的壯碩少年、用抖音抖到出神入化的修圖達人、或因為資本市場的推動便把打遊戲當作生活的電競選手……但對於複雜的成長與個人獨特性，我們能夠單純以一句「母親情結」來概括嗎？

對「永恆少年」的立論，馮・法蘭茲是藉由交錯分析聖修伯里（Antoine de Saint-Exupéry,

1900-1944）的幾個生平事跡和其筆下最著名的小說《小王子》（*Le petit prince*）進行的。以下，我放下細細導讀小王子的劇情——如果在工作坊裡，我絕對希望跟大家一起慢讀——而是直接分析或表達我的詮釋觀點，所以現在我只願每個人的書櫃上都有一本，隨時對照閱讀[14]！

在馮・法蘭茲眼中，小王子從未進入成人的世界，或是還沒有找到真實（內心）生活與成人（現實）生活間的橋樑。他無法在不失去童年的整體感與創造性之下，又能接受成人生活的複雜性。意即，作者聖修伯里就是那位因被母親情結綁住而長不大的、自以為是王子的「小王子」——一如中文說別人有「王子病」，就是指涉一種少年的自大，自以為有特權，與社會要求格格不入的言行，或是一些人即使已經年過半百，仍有某種自稱為「××王子」的高度自戀。

永恆少年的小王子或聖修伯里，在馮．法蘭茲筆下是英雄式、貞潔、慷慨、聰明、沉默，同時又情緒化、暴怒的、不妥協的、太樂天、懶散、不真誠。

如果你跟我一樣把書從頭唸到尾，大概會感覺到馮法蘭茲把二人一直往負面方向詮釋，忽略同場討論者的異議，把所有問題都歸咎於聖修伯里的「母親情結」。

然而，這裡有兩個值得疑問之處。首先，她完全忽略掉小王子的孤獨（她自己成了那位不理解他那個「第一號作品」的成年人），同時又過於放大小王子一個人住在 B612 號小行星的孤獨，而忽略了真真實實的、每一個平凡人在社會化以後的孤獨議題。事實上，我們每一個人在某種本質上，都獨自住在自己的行星上，而非只有小王子是如此呀！

我認為如果真的有一種「完全的社會化」——在人前能言善道，樂在團體其中，然後天天開心工作，或對工作來者不拒——那大概是對孤獨感的極力逃避。而事實上，在第一章結尾，小王子已經十分社會化，他說「我只能遷就他（成人）的水準，和他談些像是橋牌，高爾夫球，政治，領帶等等話題。於是大人就會因為認識我這個很聊得來的人而感到高興」。他不是馮·法蘭茲眼中不願社會化之人，相反，他十分社會化，卻要訴說一種社會化以後的孤獨感。

再者，順著這個觀點，馮·法蘭茲就會曲解「永恆少年」何以要反抗。她認為小王子的反抗，只是一種對顯明之事的鄙視：任何羊的畫作都是失敗的，但一個三孔盒子居然可以代表羊？這是一種幼稚的態度！同樣，不能好好工作的「永恆少年」，他們的反抗就是不願從服社會化、不能接受現實、不甘做自己不喜歡的工作。某程度上，馮·法蘭茲覺察到

---

14 本書引用故事中的對話時，我參照的是中譯版的《小王子經典珍藏版》（de Saint-Exupéry, 2014/2013）。

反抗對永恆少年的重要性（von Franz, 2018:60）：

「『對集體事物的幼稚式反抗態度』是很常見的情結，同時也是我們或多或少都帶有的情結，因為我們並不清楚自己有多大程度要成為國家看管的綿羊，同時也不清楚我們有多大的限度，可以拒絕這樣的集體壓力並且對之表示反抗。永恆少年自然會有這樣的問題，甚至是更加明顯的。」

但問題正在於，她認為反抗都是某種年少輕狂的幼稚態度所致，顯然，她認為透過榮格的心理分析，把事情看「清楚」，即「整合」以後，就不會有這種幼稚式反抗態度。她這觀點帶給我的感覺，就像是演奏浪漫時期的鋼琴音樂時，完全不使用踏板的結果！馮．法蘭茲既沒有指出對集體事物的「成熟式」反抗態度可能為何，又把反抗的目的都歸咎於對「集體事物」的焦慮，反而忽略了「反抗」本身的意義。可以說，她無法看見成熟思考者仍然會作出反抗的永恆少年特質。大概是如果這種特質存在，她便不會再稱之為「永恆少年」了吧?!

假笑、裝成熟、社會化——沙漠中的你快樂嗎？

小王子的反抗，是一直沒有得到鄰人及老人瞭解的「少年孤寂」之反抗。在故事第二章的第一句話，實際上就是作者本人的飛行員便說：「我就這樣寂寞地生活著，沒能和誰真正說上什麼話」。可真正談話的人，就是能安心地談心的朋友[15]，而故事第四章便寫道：「很久很久以前，有一個小王子，他住在一顆比他的身體大不了多少的星球上，他需要朋友……」，或第六章提及小王子總是憂鬱地獨自在一天內，看了四十四遍日落。

事實上，我們的文化裡一再強調中學的友誼是最真摯的、國小的情誼是最純真的，國中國小都是能交心的朋友。但大學不是喔！大學的朋友是為了未來工作用的、要交一些有才幹有家境的、具高度目的性，而大學畢業以後職場上的更是沒有朋友，只有好或壞同事之別！我們不可以跟任何人說真話，否則你永遠不知道別人會不會握有你的把柄、去跟別人

15 很多時候人們只是在說空話（parole vide），沒有真正的交流、缺乏真摯的情感。這就是人們為何要求助於心理諮商，因為在每週一個小時或多個小時的諮商裡，即便多是人們在獨白，治療師偶爾回應幾句，那仍可能是一次充實的說話經驗（parole pleine）。

告密、踏著你的屍體升職去……「職場沒朋友！你永遠不知道誰會害你，誰是敵人，因此，別說真話！遇到能協助你的，信一半，話也頂多說一半！」一位日常的上班族女士這樣跟我說。

我們只需要問一個簡單的問題，便能回應《小王子》裡的，到底是馮・法蘭茲筆下的幼稚式反抗，還是少年孤寂的反抗。意即，到底我們需要一個「社會」眼中成熟、甘於成為綿羊、能努力工作賺錢的假笑人——一如三二八號行星中那位占有星星的實業家，或三二九號行星盡責又愉懶地工作的點燈人——，還是要一個保有真誠、努力創造與堅持、對現實工作「裝作適應」、但某些「很社會化」的人認為不成熟的少年呢？

我會提出這個問題，在於馮・法蘭茲把小王子離開B612號小行星後，在六個行星的短暫停留（故事中第十至第十五章），僅視為一種頻繁換工作的無毅力、無擔當的永恆少年問題。她認為只有到了地球，小王子才比較接地，開始現實地工作，然而永恆少年皆難以適應現實，所以最後在地球上自殺了！奇怪的是，馮・法蘭茲完全忽略了小王子早在B612號行星上天天勤勞工作！也許，他不會「**很喜歡**」他的工作（除草、清洗火山口、為玫瑰遮風擋雨……），但他仍每天規律地工作，然後享受一抹孤獨中帶來安慰的夕陽，就像是城市中的我們。言即，馮・法蘭茲和榮格對「永恆少年」下的「好好工作，堅持完成一件哪怕他不喜歡的工作」處方，其實小王子（或聖修伯里）早就在做了！一如第五章他就寫道：「這是紀律的問題。早晨，當你梳洗完畢以後，也必須仔細地為行星梳理。你必須規定自己按時去拔掉猴麵包樹，它的樹苗在很小的時候看起來跟玫瑰花苗差不多，可是一旦認出來了，就要馬上把它拔掉。這是一件非常無聊的工作，不過很簡單。」

我認為已經夠多早早成熟、作為羊群、努力工作賺錢的社會化人士在世上了。馮．法蘭茲推崇的那種「對現實的適應」、「跨過從幻想到行動之間那條簡明的界線」的好好工作者，以香港著名單口相聲表演者黃子華那句職場名言，便能知其有多諷刺：

「講得出『我好鍾意返工』呢句說話嘅人，一定係鬼上身！（國：能說出『我好喜歡上班』這句話的人，一定是被鬼附身！）」

也許過去在論述上，佛洛伊德認為人就是要認清現實，而另一端則是拉岡對適應環境一事的極力批判，但兩者其實都各自走在某種錯誤假設的兩端。今天，精神分析已認識到，沒有多少人能真實地跨過從幻想到行動那條簡明的界線，也沒有人完全地適應環境，若真有這種人，他應該活得很苦（例如：童年過早被剝奪、表現出早熟與偽適應的「小大人」）。

換言之，我們每個人都活在一個融和現實與幻想，具退行及昇華餘裕的「過渡空間」之內。

如果一個人的幻想、白日夢、童趣都煙消雲散，只剩下做著不管喜不喜歡的工作的那種實實際際，那這人大概是被「過渡空間」遺落，卻擠不進去。另一方面，如果一個人總是在發夢、不切實際、沒有一點現實考量，那某程度而言，他如同前者，仍未進到「過渡空間」之中。也就是說，我們只有在「過渡空間」內，才能追求幸福，儘管某個源於真我的願望最終能否被實現，但它至少得到實現的機會而能夠在追求過程中得到幸福。

在一九五一年首次提出「過渡空間」的相關概念前一年，溫尼寇特（Winnicott, 1965 [1950]）曾論述民主與情感成熟的關聯，而成熟的個案越能夠承擔個人責任，用政治行動來表達內在抗爭的結果，即此結果會決定起某種他與社會政治的抗爭樣貌；反過來，個體也會暫時讓自己按照與認同外部的政治環境，好啟動內在的抗爭。這個來來回回的過程，我認為便是在「過渡空間」中開展的長期「反抗」工作——只可惜，溫尼寇特後來的文獻都回到臨床和病理解釋上，而沒有把這種「民主」的「反抗」精神在其工作中標記出來。

因此，回到少年孤寂的「永恆少年」身上，他們無疑活於馮．法蘭茲定義的那種「不接地氣、理想崇高、怠於工作」的具幻想氣息的「過渡空間」裡，然而，他們卻未必無能工作，或其不享受工作的樣子其實又是如此的尋常與正常，更代表某種少年孤寂的反抗。他們有一種真我的堅持，對現實工作「裝作適應」，而且沒有被鬼附身，才敢說：「我唔鍾意返工」。這種在日常與工作中，對某種孤獨滋味的正在進行式反抗，便確保了昇華的可能性（當然，也保留了「退行」），保證了真我的生命力，分隔出社會化極為成功的人的可笑又可悲之處。

每當小王子離開一個星球，在每一章結尾都說出一次「這些大人真奇怪↓果真詭異↓果真非常詭異↓怪到極點」。在修辭上，並不是他真的只是個不懂大人世界的臭小孩、死屁孩。相反，我認為小王子是想著「如果『成為大人』就意謂著我所看到這些大人的樣子，要完全放下我心中的那片真誠、綿羊、玫瑰，那就讓他們把我當作『永遠的小孩』吧！」。

因此當他來到地球，說出「上面有一百一十一位國王（當然，我們沒有漏掉黑人國王），七千個地理學家，九十萬個生意人，七百五十萬個酒鬼，三億一千一百萬愛慕虛榮的人，總而言之，一共大約有二十億個大人」時，他並不是從無法定性的狀態轉為試著接地氣的工作，卻是從第十章到第十五章的遊歷後，欲告訴大家：這不是什麼稀奇的童話故事，因為我們真實地活在的地球上，絕大部分的人就都失去了靈魂，不再好奇、不再思考、不再質疑、不再童真、不再想像、不再真誠、不再反抗。

當然，馮・法蘭茲對《小王子》的詮釋有一點是值得肯定的：他逃離！他愛上一朵虛榮又傲慢的玫瑰花，他先理想化了對方，然後又對她深深挫折，所以他毅然離開B612號小行星，就像是人們受到重大的情傷後，意志消沉，沒多考慮便突然辭掉工作、離開故居，說要去旅遊走走、換個工作。就像他在第十七章對蛇解釋為何自己要來到地球，僅因為「我和一朵花鬧了彆扭。」

臨床中常見的情況是，人們因為一次重大的情感傷害，便整個人陷入憂鬱之中。他逃離，以為能迴避痛苦，一路上卻遇不到能「理解」他的（大）人，最終卻走進一片沙漠，更顯得孤單和弱小。所以我說，「少年孤寂」的問題，一直被忽略！

如果他在遊歷時，在某一顆行星上能有幸遇到貴人、恩人、朋友、心理治療師，能多容納一人的空間，他便不會一直失望，直至來到一片沙漠之中，問蛇一聲：「人們都在什麼地方？沙漠裡真有些寂寞……」然後又問一朵花：「人們都在什麼地方？」，而花只回答曾經在某一天，看過一隊駱駝隊商經過：「可是我從來不知道該到哪裡找他們。風吹著他們跑，他們沒有根……」只要風一吹過，路上的印記便一一回到最初，無人，彷彿這裡從來都是孤獨的。最終，也不會有人記得小王子來過這裡，在第十九章，儘管他後來又跑到高山上大喊：「請你們做我的朋友吧，我很寂寞！」，也只得「我很寂寞⋯我很寂寞⋯我很寂寞⋯⋯」回聲作回答。這時，我的腦中又迴響著〈百年孤寂〉一曲：

都是因為一路上　一路上
大雨曾經滂沱　證明你有來過
可是當我閉上眼　再睜開眼
只看見沙漠　哪裡有什麼駱駝

也許某位摯愛曾經來到我們心中，但其來過的證據，居然正在於他已經不在！完全沒有客觀的或現實的東西能說明我與摯愛的關係——除了記憶。這種憂鬱的精神痛苦，被世界所遺落的孤獨，要是得不到任何形式的介入，人們在沙漠中找不到任何人類求助，便會像黑洞般，一直引領生命至死亡之境。

有待參透的馴服的意義

小王子的故事，一直處身於一種缺乏朋友的成人式寂寞痛苦中。但第二十一章由於狐狸的出現，故事的整個情感與調性改變了。

對絕大部分的人，在孤獨之中，需要的就是能理解自己的，或至少願意跟自己聊聊天的朋友。我曾經同時有三位被診斷為憂鬱症的少年個案，他們的一大共通點，正如小王子說的：「我在找（人類）朋友」。

起初，狐狸不願意跟小王子交朋友，除非他馴服（tame）牠，而馴服就是「建立關係／連繫」。我想引用狐狸的話，牠說：

「對我來說，你現在就只是一個小男孩，跟其他千萬個小男孩沒什麼兩樣。我不需要你，你也不需要我。對你來說，我也不過是一隻狐狸，跟其他千萬隻狐狸沒什麼兩樣。可是，假如你『馴服』了我，我們就會相互需要。對我來說，你將會是世界上『獨一無二』的。對你來說，我也會成為世界上『獨一無二』的〔……〕

我的生活很單調乏味。我忙著獵雞，人類又忙著獵捕我。所有的雞都長得一樣，所有的人也都長得一樣。所以我覺得有點無聊。可是，如果你把我馴服了，我的生活就會像是充滿了陽光。我會辨識出一種與眾不同的腳步聲。其他的腳步聲會使我躲到地底下去，可是你的腳步聲卻會像『音樂』一樣，把我從地洞裡引出來。再說，你看！看到那邊的『麥田』了嗎？我不吃麵包，所以麥子對我來說一點用處也沒有，麥田不會讓我聯想起任何東西。這是很可惜的事！但你擁有一頭金黃色的頭髮。所以如果你馴服了我，這將是多麼美妙的事！麥子是金黃色的，它就會讓我『回憶』起你。而且我會喜歡上風吹拂過麥田的聲音……」

當狐狸在一陣沉默以後，對小王子說：「請你馴服我吧！」，而小王子又回答：「我是願意的……」之時，樂章彷彿從持續了二十章鬱悶與困頓的小調，突然找到一個大調的解決和弦。只是這種溫暖的感受中仍然有某個不協和聲在，這體現在小王子那句伏筆似的話：「……可是我沒有很多時間。我還得去發現一些朋友，還有很多事情要瞭解。」，意即，小王子沒有把「馴服狐狸」與「跟狐狸當朋友」連結在一起，他仍要找他孤獨的安慰者（人類，預示了飛行員這位朋友）。沒錯，對狐狸而言，牠是被馴服了，牠視小王子為朋友。也許小王子亦因為馴服而交了朋友，但他還沒有「消化」這個經驗，因此狐狸才要教導他「只有用心才能看見。真正重要的東西，用眼睛是看不見的」，好讓小王子日後在某個契機上，再消化出這句話、這段經歷的意義。

跟狐狸的關係裡，小王子的確得到暫時的安慰，但他還沒有全心投注在這份關係之中。這個負面的意義得從他受過玫瑰的情傷，對各種人類失望，對宇宙唯一一朵玫瑰的認知幻滅，又在沙漠中孤獨地生活很久……的角度來理解，即他已傷痕累累，所以他在別離時面對在哭的狐狸時，他彷彿在推卸責任，無情也無法消化這個經驗：「那是你的錯，我本來並不想為你帶來痛苦，可是你堅持要我馴服你……」。這使得他在真切地認識狐狸，即認識那象徵著他內心的孤獨根源之前，便再次踏上旅程。

接下來，在第二十二及二十三章，小王子又像之前在各個行星旅行般與各種成人碰面（一次主題的變奏與退行）。這兩個成人分別有其象徵，鐵道的轉轍工，代表人們也許有某個目地的，但總是不安地活得渾渾噩噩，象徵小王子心中的不安與躁動；至於販售止渴藥丸的商人，則代表小王子心中的失落仍未治癒，且於都市受苦的人們就是靠各種「藥物」（從

精神科藥物到毒品，從購物、寵物到師傅）來遏止心靈的口渴，暫緩孤獨的陣痛，卻不曾真正體會「馴服——建立關係／連繫」的意義。

到了第二十四章，一向不愛講話的小王子說出「我也渴了……」，他罕見地回答飛行員的問題，而且是「回答了我心中所想的事」。這不只代表他和他（小王子和飛行員）原是同一人而在故事裡起了共鳴，更代表著經過前兩章的旅行，小王子又參透了一些事，即他和狐狸的關係經驗：「就算快要死了，擁有過一個朋友也很好啊！我就因為有過一個狐狸朋友而感到很高興……」這份友誼滿足的浮現，同時反映他開始看見一切痛苦，其實都源於心靈缺乏或被剝奪掉連繫和情感的養分。現在，這份痛苦的渴求從潛意識中被喚醒了，因此也有了滿足的可能，他說：「水對心靈可能也是有益的……」。

沉默一會以後，小王子又說：「沙漠之所以這麼美，是因為在某個角落裡，藏著一口井」，在沙漠墜機才與小王子相遇的飛行員，在這時候恍然大悟，原來沙漠中會有神祕的光芒，是他小時候住在某個古老房子時，裡頭有個寶藏，他便回答：「沒錯，無論是房子、星星或者沙漠，使它們美麗的東西是看不見！」，小王子回答：「我真高興，你跟我的狐狸看法是一樣的。」最後，他小心懷抱睡著了的小王子，發現「地球上沒有比他更加脆弱的東西了」。

如果說故事中的飛行員便是社會化的聖修伯里本人，那小王子便是那個少年孤寂的聖修伯里。那麼，在前者抱著後者的一幕，大家便經驗到一次「整合」，彷彿我們亦把失落的部分「領回」，重新連結至真我的生命力之中。

馮・法蘭茲亦注意到「永恆少年」的正向面，她說：「由小王子所代表的神聖孩童，是自性（the Self）的象徵，他同時也是生命的源頭。」只是這種肯定在她筆下，只是以如此抽象的方式表達，也未曾把這股力量從她的論調中那遙遠的 B612 號小行星上，帶回她所謂的工作與社會化地面。

為此，我認為當飛行員懷抱脆弱的小王子時，故事正式進入了高潮，即整齣「歌劇」中首次於和弦上得到真正的解決，這一直延伸到第二十六章小王子被蛇咬而倒下為止。人們重新與起源的孤獨，或造成孤獨的那個失落經驗、刻印在心中的對象痕跡，或失落所引致的破碎心靈，重聚！

《小王子》與福音書的互文音響：永遠不再渴

對飛行員來說，他抱住的是自己以往沉睡了的生命力，所以在破曉時分，抱住小王子的他終於在沙漠發現了水井，生命之井——反抗，一力爬起的力量，井在唱歌這份重聚的光輝，使得在二十五章，小王子說：

「你聽，『我們』把這口井喚醒了，它『唱起歌來』〔……〕我的口好『渴』，給我喝點水」這時候我才明白他要找的是什麼！

飛行員把水桶提到小王子嘴邊，看著看著，發現水就是歌聲，是他靠雙臂努力得來的天賜神糧。喝過水的小王子，向飛行員說：「人類會在同一個花園裡種了『五千』朵玫瑰，可是他們卻不能從中找到自己所要追尋的東西〔……〕我必須對我的花負責呢！」這句話暗指小王子已經完成他的使命——飛行員藉由小王子找回自己的生命力，在故事中以找到缺少的機器零件，修理好飛機來象徵——聖修伯里以文學的形式，亦安頓了自身無可避免的殘餘孤獨。

於此，我必須提出一個重要的洞見，即這高潮便是一次聖餐禮儀的高峰。聖修伯里明顯借用了〈若望福音〉第十九章二十八至三十節中，耶穌在十字架上說的話：

「祂因知道一切事都完成了，為應驗經上的話，遂說：『我渴』。有一個盛滿了醋的器皿放在那裡，有人便將海綿浸滿了醋，綁在長槍上，送到他的口邊。耶穌一嚐了那醋，便說：『完成了。』就低下頭交付了靈魂。」

以及〈路加福音〉第二十三章三十四節，耶穌被餵醋前說的話，他說：

「父啊！寬赦他們吧！因為『他們』不知道他們做的是什麼。」

這裡的「他們」是指誰？是那些跟隨他風采，而又成為被鼓動，任讓耶穌被釘十字架的群眾。如此，這就回到〈若望福音〉第六章的「五餅二魚」典故，即某天出行，有一大批群眾跟著耶穌到山上。事實上，當時群眾就是湊個熱鬧，他們某些甚至不認識耶穌，耶穌跟他們亦只是「某人和群眾」間的淡泊關係。但在山上的大家都餓了，要回去城裡也有一段路程，耶穌便拿起一個小孩身上的五個大麥餅和兩條魚，向天祝聖後，便讓門徒分給在場的「五千人——五千朵玫瑰」。但這些群眾、玫瑰不知道自己的責任與所屬，這種「對彼此陌生」和「不知道自己在幹什麼」的存在，實屬一種需要天主來寬赦的罪過。

現在我們便瞭解，作者聖修伯里以聖經典故的互文形式，已暗示了小王子之死。他的死法很有趣，說是自殺？不全然。說是他（蛇）殺？亦有不足。一如耶穌之死，既是被審判定罪，亦是自願去完成這個聖父給祂的旨意與責任，小王子之死，是他認為他得向B612號小行星上的玫瑰負責。

給小王子送上水的飛行員，就像是聖經中給耶穌遞上醋的士兵，他們都「明白他要（找）的是什麼」。雖然〈若望福音〉沒有說清楚到底是哪一位兵士，但我猜想後來用槍刺透耶穌肋膀的，就是原先把沾了醋的海綿用長槍遞上的那位，他看見代表生命之泉的血和水，立即從已死去的耶穌肋膀流出，便為此事作了見證。對照來說，在《小王子》裡，飛行員日後見證了小王子之死，即他的自體（柯胡特筆下的self）於渴望與滿足後，所帶來的生命力。小王子註定要離開飛行員，就像耶穌一樣，只留下記憶與見證，卻又為飛行員（世人）保證了生命與希望。

從另一個角度，或更好是說「對位」（counterpoint）的旋律上，由於飛行員已經找回自己的生命力與殘餘孤獨（小王子），因此，小王子註定要離開、死去、只留下記憶與見證。否則，這怎會叫「殘餘孤獨」呢？我們確實遭遇克萊恩（Milton, 2018: Sheet 13）所說「整合僅僅是把事物更緊密地連結起來。全然的整合是不可能的！」的那個「不可能性」，就像飛行員雖懷抱著小王子，但二人間總有一道只能靠近的裂縫，那根本的殘餘孤獨只能被學習忍受——為此，誰的離開都是痛苦的，無法挽留，一如第二十六章中飛行員不斷重複的「我希望再聽到你的笑聲……我不願離開你」。

小王子決定「離開地球」的時間地點，剛好是一年前掉下來的那片沙漠，而同一天，飛行員也會離開沙漠，象徵一切回到原點。就像心理治療一樣，經過幾年時間，我們仍然是自己，臉容如舊，但心境卻不再一樣，飛行員的心也必然不再一樣。在第二十六章，離別之際，或是說小王子的離別與記憶，便是他能送上最甘甜、如水（生命）一般的禮物：

「每個人眼裡的星星都是不一樣的〔……〕但是，所有那些星星都是不會說話的。至於你，你擁有的那些星星將是任何人都『不曾有過』的。夜裡，當你望著天空的時候，既然我就住在其中一顆星星上，既然我就在其中一顆星星上笑著，那麼對你來說，所有的星星彷彿都在笑。那麼，你擁有的星星就會是懂得笑的星星！這樣一來，你就會得到慰藉，然後你就會因為認識了我而感到快樂。你將永遠是我的朋友，你會想要跟我一塊兒笑〔……〕你的朋友們看到你笑著仰望天空，會覺得很訝異。這時你就可以對他們說：『沒錯，星星總會令我發笑！』而他們會以為你瘋了。這就算是我對你小小的『惡作劇』吧！這就好像我給你的並不是星星，而是一大堆會笑出聲音來的小鈴鐺……」

這份禮物實在是一次惡作劇，因為人們難以想像，它既是一次「孤獨我」的經驗，印證著無可避免的別離之痛，但同時又是對這份殘餘孤獨最感人肺腑的慰藉與意義[16]，因為那個在無人之極相遇下的種種記憶，轉化作憂鬱黑夜中的永恆星光，保證了我們這一輩子裡所需要的笑聲、朋友、音樂，以及六歲時「第一／一號作品：帽子／大蟒蛇與肚子裡的大象」的創造力與生命力。

若要進一步瞭解小王子之於飛行員就是一口生命之井水（馮．法蘭茲說的自性——生命的源頭），我們應來到〈若望福音〉第四章七至十五節提及的雅各伯泉故事，即耶穌第一次表達「口渴」的時空。在最炎熱和乾燥的正午時分，耶穌向一位撒瑪利亞婦人問：「可以給我水來喝嗎？」但不同於飛行員和小王子的友誼，猶太人和撒瑪利亞人在當時是不相往來的，所以婦人很訝異耶穌的請求，並質疑他連取水的工具都沒有，到底要怎樣喝到井

---

16 如果耶穌不在十架上死去，基督宗教便對人類的生命教導或靈魂慰藉沒戲唱了！我們會發現偉大的文學作品，至少是這裡的《小王子》，是怎樣分享著宗教深入人性的奧堂力量，能夠讓每次翻開《小王子》都受到感動的讀者，一如教徒在閱經或參加禮儀時一再得到生命的感動與慰藉。

水，但他回答：「若是妳知道天主的恩賜，並知道向你說『給我水喝』的人是誰，妳或許早求了他，而他也早賜給你活水〔……〕誰若喝了我賜與他的水，他將永遠不渴；並且我賜給他的水，將在他內成為湧到永生的水泉。」在此比對之下，我們便理解《小王子》中，為何飛行員是在清晨天亮時找到水井，即沙漠裡最濕潤、水氣最能凝固的舒適氣溫時間，而且設定是抱著小王子才找到這口有「該有的東西一應俱全：滑輪、水桶、繩索」的水井。喝過這生命之泉，預示了飛行員便將永遠不再渴，預示了在分離之後，他將在星空中聽見小王子的笑聲，預示了《小王子》作為聖修伯里心中的活水，且湧至每一位閉上眼、用心去閱讀它的人身上。

走過沙漠，守望麥田──重新與根本的孤獨相惜相遇

我的潛意識響起同樣由林夕填詞，〈百年孤寂〉的粵語版〈守望麥田〉：

風　吹過麥田　田總要收割　也許留在我腑臟
心　給你碰撞　如黃砂裡採礦　也許能令我發光

共你就似星和雲　昇和沉　彼此怎麼罣礙　美麗多於遺害
共你就似風和塵　同不同行　與天地常在　哪怕沒法再相愛

空空兩手來　揮手歸去　閱過山與水
水裡有誰　未必需要一起進退
刻骨銘心來　放心歸去　未算無一物
深愛過誰　一天可抵上一歲

狐狸還在守望麥田嗎？當風吹拂過金黃色的小麥時，牠耳邊會響起最動人的音樂，回憶起擁有金黃色頭髮的小王子嗎？當飛行員回想起小時候曾住在黃砂裡的古老房子，他能再次發現那個讓一切發出光芒的心中寶藏與祕密嗎？會的，我相信。今天，雖然小王子不再與狐狸或飛行員一起同在，但他已經跟兩位相愛過，當了朋友。跟朋友相遇又深愛過，便不再執著同不同行、進不進退，從此，在天上的小王子與在地上的飛行員或狐狸已天天常在。大家都是空空而來，但刻骨銘心地放心歸去，小王子回到他的 B612 號小行星，飛行員也回到自己的部隊去。在黃砂上、在水井旁發生過的並非無物，那是深愛的回憶，是經已悟出「可是眼睛是盲目的。必須靠心去尋找才行！」（But the eyes are blind. One must seek with the heart!）的意義，因此，便足以讓他在來到地球一週歲那天，回到第一天的原點，獨為愛過的人留下天上的笑聲而去。

我想，這便是《小王子》最後一章中，那幅只有沙漠和一顆星星的圖畫是「全世界最美麗卻也最悲傷的風景」的意思。

我一直使用「殘餘孤獨」（residual loneliness）這個字，在中英文上都有實在的意義。「殘」是一種悽慘、悲傷、殘缺，「餘」則是滿足、愉悅、餘裕，「殘——餘」產了某種悖論式的、不彼此罣疑的組合，在昇和沉、風和塵的命定下，美麗（餘的意義）確實多於遺害（殘的傷感）；而「residual」的原動詞是「reside」，意思為「居住在」或「寓於」，也就是我們寓居於本身就在我內的孤獨，而且是一次「重新——寓居」（re-side），即重新與根本的孤獨相遇、相惜、生活—這是永恆少年孤寂的可能性、無盡性、希望。

《小王子》最後一句話，是飛行員對大家所說的：

「將來如果有一天，你們到非洲的沙漠去旅行（……）我懇求你們，不要來去匆匆，請在這顆星星的正下方等待片刻。這時，倘若有個小男孩走到你們面前，倘若他在笑，倘若他有一頭金髮，倘若你們問他問題時他不太回答，你們就可以猜到他是誰了。到時，千萬拜託，不要讓我一直這麼悲傷，請趕快寫信告訴我——小王子回來了……」

馮・法蘭茲的解讀是作者聖修伯里（飛行員）在文末仍然無法犧牲與小王子的關係與連繫，此作為致命的線索，即有股力量不斷將他拉往由自殺的「永恆少年」小王子所象徵的死亡及無意識界（von Franz, 2018/1970）。會有這個解讀，除了馮・法蘭茲一貫對小王子及「永恆少年」的負面視角，亦在於她主張當年聖修伯里是死於自殺（如同小王子），而不是他殺；然而，聖修伯里確實是在一次對抗德軍的飛行任務中被擊落，而非自殺。二〇〇四年法國文化部考察隊已於法國南部馬賽打撈其飛機殘骸，相關的新聞在網路上都可以找到。

從把「少年孤寂」與「永恆少年」作連結，再為大家詮釋出一種小王子對孤獨、社會化成人的唏噓與無意識、主體情感創傷的反抗與治癒（即便治癒的意義是遺下「全世界最美麗卻也最悲傷的風景」），顯然，我不甚認同馮・法蘭茲的解讀，她那是既不美麗也不悲傷的風景。

在《小王子》結束處以這股惋惜與緬懷的方式說出對小王子的想念，並不代表飛行員要重返沙漠，要求跟小王子見面。不！對他而言，小王子就像耶穌之於教徒，早已活在心中，亦不知何日再來。這卻是一次飛行員對大家所作出的邀請，是讓新的旅行者，那些少年孤寂的男男女女，如果在生命裡（因著某些宛如走向荒漠般的際遇）遇見內心的小王子，請不要匆忙逃離，該試著跟他聊聊天，相處，交個朋友。

小王子之所以拒絕回答我們的問題，是因為我們早該猜到他是誰——他是我們心底裡，孤獨著的真我，等待著我們跟他「重新寓居」的「孤獨我」。

3-4

永恆少年對孤獨的反抗與馴服

有一位榮格學派的學者希爾曼（J. Hillman），對「永恆少年」問題提出進一步的解讀。希爾曼比對了老人與少年原型（Senex & Puer）的生活與思想風格，前者富時間和歷史氣息、關注秩序、鍾愛傳統、傾向抽象與穩固事物，但同時語調沉穩、鬱鬱不樂；相對之下，後者著重此時此刻，喜愛試驗與冒險、展望未來、想要超越法律和傳統，有著輕盈、靈氣、理想主義、迷人且短暫的特質，在振奮精神與靈性時，又可能感到崩潰（Hillman & Moore, 1990）。

但在某種基質上，負性老人（negative senex）與負性少年（negative puer）其實是同一回事，他們同樣抱持高度的理想主義，永遠追逐著名望與力量，無比的自戀與自詡靈性，卻總是忽略了人與人的愛、友誼與忠實的關係層面。而且少年的殞落，有時候又是受到負性老人的吸引，才開始盲目地追逐這些理想、榮譽、力量，才在失敗或失去意義的一剎，發現自己已經回不去當初的單純，便曇花一現於世（Hillman, 1979 [1967]）。因此，我早早在導言便要質疑這些智慧老人的理想與境界，好讓你們不要受到這種妄念的吸引，成為負性的少年，卻忘了愛與友情的寶貴。

在分析心理學的框架裡，希爾曼強調（智慧）老人與（永恆）少年這組對立的原型間，要作悖論式和解（**paradoxical reconciliation**）或不安穩的並置（**unsettling juxtaposition**），即理想上，達到彼此不壓迫或不衝突地相互影響與溝通。

希爾曼從少年著手（也許是老人已經太老而無法改變），告誡他們得承擔一場「老人之戰」，而既然老人就是其對立面，因此可以說，少年得去處理（整合）內在的女性（**anima** 或 **psyche**，女性則為其內在男性），即面對他的易怒、懶散、對阿諛奉承的虛榮、自戀的形象、天真、裝笨，以及對無能的傷口作遮掩。

然而，永恆少年要怎樣「承擔」、如何「整合」？是榮格和馮・法蘭茲說的「去工作」嗎？還是去一趟非洲沙漠，作脫俗的沉思？精神分析亦會遇到相同的問題，即理論上很多人都知道要去「修復、整合、哀悼」，但一來到臨床，卻只見畏首畏尾、手足無措、空有一張嘴。

現在，若按照佛洛伊德對文學作品的探索精神，我們便應該從《小王子》中找出我們未聽見的星星。

從孤獨到孤寂，馴服中的「朋友」意義

在提出「少年孤寂」時，我彷彿只在全書一直處理其（起源性）孤獨，這並不是我搞混了文初自己提出的孤獨（loneliness）與孤寂（solitude）的差異，相反，卻是為了凸顯以下要說的：(1)從「童年累積⇅老年面對」的諸種孤獨與創傷，人們成為一種「少年孤寂」的存在，這些痛苦隨時讓人背離玫瑰、墮進沙漠、內外無援、四方無伴、墜入深井，最終走上自殺或破壞之途；但這時候，(2)我們也直面了自身的（起源性）孤獨，泛起更深切的對關係的渴求與痛苦，又通過某種理解、對質、接納、整合等，我們彷彿有一種質變與轉化，從井底一力爬起，一步步朝向治癒的可能進發；在此過程中，(3)「反抗」已然成為生活的精神基調，我們已經體會到整合的仍有距離，相聚的還會分離，但無可避免的殘餘孤獨（也許是卓越者的孤高情寡、正常的孤獨，也可能是哀悼者的懷緬）是可以忍受的，它是撐起希望所需的全能感、是創造力中的才情、不渴求追隨者的持續自我領導。

如此，少年孤寂中的「孤獨」就過渡至殘餘孤獨的「孤寂」！從必須在場與復得的痛苦

強求，改為用心眼去看見已失去的悽然美好，從真實（reality）的執著到實在（réel）的流放。

少年孤寂，雖然可以是一種病理的定義，卻也是放開以走向永恆少年的反抗，是成為能安於世上的「孤獨我」的生命啟蒙、無盡可能、歌劇的預演。這位「少年」既然是如此的「永恆」，那其原有的「孤寂」也必然會轉化作生命質地，但他大概不會再陷入臨床定義的憂鬱，只是一舉手一投足，他的精神分析師都能感受到那股靈魂深處散發，具創造力的鬱鬱氣息。

到底我在《小王子》裡發現了什麼星星，即過度或轉化（transition）是指什麼——馴服孤寂（taming the sense of solitude）。在臨床的意義上，「馴服孤寂」是體現於治療關係的進展上，用過去的術語，便是對分離焦慮與客體失落焦慮的修通，使個體克服被拋棄與註定孤單一人的恐懼與苦楚，一步步走過哀悼歷程，也在心理的成熟度有所增加。

在少年孤寂的純粹孤獨之中，人們被世界遺落而隨時走入致命的深淵，因為「當只想念一個人，世間一切便都消失」[17]。然而，精神分析師奎諾多（Quinodoz, 1993）指出，一旦孤獨被馴服，分離焦慮就成為一股精神活力。「馴服孤寂」也許是一種對孤獨感的人性回答，它不志於消除焦慮，卻是學會面對它，並善用它來為生活服務。

感到孤單（feeling alone），在某種積極的面向，意謂著意識到自己是獨一無二的，而對方也是獨一無二的，此時，一個人跟自己和與他人的關係，有著無限的價值與意義。當狐狸回答「馴服就是建立關係／連繫」時，我們回到Blatt與Shichman（1983）強調的生命兩大維度，即「關係性」與「自我定義」之上。那個具創造力、能忍受或善用孤寂的持續自我領導者，他能如此「自我定義」，是來自旁人難以用眼睛看到的「關係性」：他藉由一位朋友的關係（如小王子之於飛行員，但也許只是精神上的存在，如天主之於信徒），馴服了自身的孤獨，發現了自身的獨特性，同時，他也服膺於與他人之間的那道滲出孤獨的裂縫，發現了對方獨特的存在，二人最尋常日子，都因此發出光芒的移置意義。如此，我們不再理想化那些住在深山的大師或看似得道的老人，我們不再妄想孤獨的完全消解，卻人性地，勇敢地與人建立關係。

「馴服孤寂」必須是一個來回復返的動力過程，就像狐狸跟小王子說：

「你最好在固定的時間來［……］，我們要有個儀式才行［……］它就是使某一天與其他日子不同，使某一個時刻與其他時刻有所區別。」

17 原文為'Un seul être vous manque, et tout est dépeuplé'，出自詩人Alphonse de Lamartine（1790-1869）的作品〈L'Isolement，隔絕〉。

在我眼中的精神分析或心理治療，二人間的情感是十分重要的！在每週固定的這個同一小時，我們藉著「關係／連繫」來馴服孤寂。治療師與個案大概不可能是朋友，但我順者奎諾多對《小王子》的分析及其未盡言，試著提出「治療關係」中必然含有「朋友」的某種本質：平等、互助、熱誠、欣賞、珍惜、可質疑、喜悅與哀愁，以及至少在這個小時內對彼此是獨一無二。

你看，外邊有千萬朵玫瑰、千萬隻狐狸、千萬位個案、千萬個治療師。他們對彼此而言都毫不重要，你和妳和他和她都是同款得毫無特色。但要是我們建立了連繫，在彼此身上花時間栽種情感，那麼，分享著某種「朋友」本質的治療關係，便讓我們從千萬個不認識的人之中，成為彼此重視、記念、愛惜、渴望、等待的那位，才有望「馴服孤寂」——心靈結構對孤獨感的處理，從〈百年孤寂〉的「一百年後　沒有你也沒有我」過渡至〈守望麥田〉的「深愛過誰　一天可抵上一歲」般的功能與狀態。

我能預想一些同行已經準備打算對「馴服孤寂」與分享著「朋友」本質的治療關係兩者間的想法連結，提出疑慮。在此，我想用日本經典動畫《庫洛魔法使》中代表冷漠與孤獨的「月」來更清楚回應。在決定庫洛牌新主人的第四十六集〈最後審判〉中，「月」用盡全力要打敗小櫻，而如果小櫻失敗了，結果是她將會如常生活，但身邊所有人珍重的情感都會消弭，她會永遠處身被世人遺忘的孤獨之中。花一點想像，這情境便是病理的孤獨感折磨主體的方式與境況。當然，小櫻最終用風牌「束縛」住「月」的力量。「月」跪著承認小櫻是他的新主人，即他被馴服了。然而，小櫻面對這份孤獨[18]，卻展開雙臂：「我不要當什麼主人，我希望跟你當好朋友！」。在我眼中，對孤獨的死亡驅力之束縛，對孤獨的二次馴服，即心理治療本身，是在某種「朋友」的維度開展的——當然，是精神分析（關係學派）觀點下的友誼。

至於若要馴服「孤獨我」，我會希望跟他當好朋友，同時也讓他馴服我，好讓我感悟它帶來的源源生命與希望，以活出生活居變不定卻總有價值的意義。能跟孤獨當朋友，生命中我也必然有過玫瑰、狐狸與飛行員——我相信你們也有過、將會有，卻都需要閉上眼去看，用心尋見，並在日後領會——及各種關係的羈絆，儘管當中許多已成了過去。他們遺留於我腦海，成了最美麗又最悲傷的回憶與笑聲。至少，為能寫出本書，這又是必然的。

18 「月」的孤獨，源於他失去了最愛的首位主人，庫洛・里德。他一直在想念他（的馴服），感到被拋棄，渴望他的復返。

恢復、修復、替代心中的玫瑰

詩人 Rainer Maria Rilke（1875-1926）在《給青年詩人的信》（*Letters to a young poet*, 1934）中，建議把培養或守護「獨處」當作首要任務：「畢竟，必須的就是：獨處，一種宏大的內在獨處」[19]和「擁抱及愛你的獨處，忍受它帶給你的痛苦，並化作歌唱」[20]。這裡指涉的獨處意義的轉化，毋寧是一種對孤獨的馴服。

在「馴服孤寂」的過程中——雖然理論上有個「一力爬起」的轉折點，但無論如何，反抗的精神既然是趨向無盡與不確定的移置運動，那便應該把馴服一事視為過程——詩人的真實才情便會從內在的獨處之淵發光。

現在，是時候為本書暫且作結了。

在前三節裡，我曾提出於「孤獨」與「依賴」之間，需藉著「（被）理解」與「（重新定義自我」並肩前行，才能一步步克服孤獨的身心理痛苦。與直覺相反，並非坐等被救贖，而是我們越能夠對自我與世界投入情感，就越可能臨近那無可避免的殘餘孤獨。然而，殘餘孤獨亦提醒了完全整合的不可能性，人總是擺盪於克萊恩提出的「偏執——類分裂位態」及「憂鬱位態」，兩者各有心理運作的特性及逐漸形構出每個人最獨特的人格結構，一如人格中的男性與女性部分。問題在於，為了成熟與健康（或不受精神病之苦）我們必須朝向「憂鬱位態」、必須擁抱好的內外客體、必須在雙性特質中先選定一者來定義自我。只可惜，當我們嘗試整合，嘗試把成長的代價贖回之際，又會遭遇一者可能會消滅另一者的恐懼與失諧。但無論如何，對自我與他人寬恕與寬容的同情與能力，總能多少抵消孤獨之苦。

透過耙梳克萊恩幾個版本的未公開手稿，我在她的晚年思想中發現一種「反抗精神」的詮釋力量，她把去除全能感及其幻想的大志，扭轉為發揮全能感的希望、修復、創作力。如此，她的學生畢昂一舉（以艱澀的語言）鑽進科學家、藝術家、卓越者的孤獨狀態裡，並反向思索他們是怎樣忍受孤獨一事：分離必須背負孤獨之痛作為代價。天才的獨立，需要反抗的精神，他反抗百無聊賴、反抗失樂園的恐懼、反抗逃避改變、反抗被依靠的爽快、反抗群眾的追隨，好讓孤獨找上自己，成為一個自我領導的「孤獨我」。

回到臨床情境，精神分析作為一種「反抗」的歷程與經驗，最早是由克莉斯蒂娃提出。

19 "The necessary thing is after all but this; solitude, great inner solitude."
20 "Embrace your solitude and love it. Endure the pain it causes, and try to sing out with it."

指藉由自由聯想來尋回某個記憶，且由於「反抗」就是不斷的回返與重塑，是對創傷無盡的移置，所以我們又能對讓生命作重新敘述，從而更新心理空間。如是者，在思量「永恆少年（孤寂）」的問題時，我必須反抗聖修伯里作為榮格學派分析師馮·法蘭茲筆下的永恆少年調性，我重新敘述《小王子》被忽略的孤獨感，及更新他的精神：反抗成人的唏噓，找到羈絆的朋友，繼而提出他必然離去，只能從回憶中重獲的殘餘美學。最後，在奎諾多的「馴服孤寂」基礎上，我提出分享著某種「朋友」本質的治療關係的方向。

在整合自我、整合破碎自體、整合陰影、整合人格與情緒的「整合」（integration）式深度治療大標題下，我試著把前述十四篇散文中曾提及的三個 Re-，整合至「整合」的可能性之中：

(1)「恢復」（regain），源於對自我與事物作出新的敘述，使得我們有力量從某個恆定不變的傷口中日漸恢復。同時，它也是「復——得」（re-gain），即力量原本就是屬於我們，只可惜因為成長的代價，人們把分裂掉的東西視為汙穢物且恐懼著。如果我們敢於復得它所蘊含的價值與意義，相對於從未失去，生命便會得到某種失而復得的歡欣（rejoice of what was lost is found）。

(2)「修復」（repair），對攻擊或憎恨過所愛之人、事、物，抱有罪疚，並由於個人的努力、補償、還原而確保前者未曾死去，甚至完好如初的能力。亦指涉心中與某種關係的修復（如得到原諒及自我寬恕），或人們的「改過自身」的能力。另外，它也是「再——配對」（**re-pair**），即那些人與人、人與自己、人與事物間斷裂受損的情感連結，得到再配對的處理。換言之，自我必然有所改變，與對方的關係其實亦不可能「如初」。再次被情感連結上的雙方，或這份情感本身，一定是有著新的性質與意義的再連結（**re-linking**）。

(3)「替代」（**replace**）：由於哀悼歷程的完成，因此失落對象能被新的事物所取代，或是說情感能重新貫注於新的對象身上，我們的心神不再被其占據得無以復加。再者，它也是「重新——安放」（**re-place**）——我不使用「放下」這個詞，是因它帶有過多「割捨、清空、斷離、抹去」的色彩——，是我們能夠意識地把一件情感人事，安放於內在的某處，或以怎樣的方式外在地處理掉。換言之，即使是一種別離式的安放，在某種情感意義上，亦是一次人與己與物的重聚（**reunion**）。

面對欲望與創傷，精神分析指出的路徑是回憶、節制、追查、聆聽、敬畏、認清、意識、接納、善用、昇華——或是用上面三個 **Re-** 來走這條治療之路——我們沒有「無我」、「脫世」、「超然」的智者位置，相對地，亦不會是「佛系」或「厭世」的生活態度，因為欲力不會消弭，沒有欲望便沒有生命的動力，沒有創傷就沒有哭哭笑笑的人性日子。

我曾在一位敬仰且著作眾多的前輩身上看到「不屬世，不離世」的治療師定位，她的表述像溫尼寇特強調那種人類生存的過渡空間一樣「不屬內，也不屬外」的「在之間」，但我想略略更動這句話為：「真離世，實屬世」。無疑，精神分析的路是走在兩個分裂的極端之間，無論是指工作的位置、聆聽的耳朵、或問題的出路亦然，但我必須強調這途徑背後的精神，即真實地走在兩端裡，同時對此作出反抗。

在一種不安動盪裡，才能讓幸福、希望與可能性，誕生於某種未知的音樂性之中。好比面對挫敗又傷痕累累的時代，要撫慰欲繼續前行的靈魂，我們需要音樂，而在反抗中響起的靈魂樂音，又於編織記憶的同時，啟示了新的路途。

在臨床上，也許我們已大概了然「反抗」的意義，但這精神該怎樣轉化或過渡至生活之中呢？畢竟一位個案前來接受治療，最終目的還是能夠離開治療師，以自己新的力量去活出生活。

我想除了克莉斯蒂娃所整理的「反抗」詞源學意義，即回返、移置、適當的可塑性以外，它也是一種「re-volt」，即「再次——以某個快速動作來避開某種朝我而來的推撞」。換言之，反抗精神的另一種表述，就是一再以機靈的方式，緩和、閃避、讓撞擊與壓迫只擦身而過。在心理層面，絕多數時候，我們無法遏止創傷與孤獨的苦楚效力，但在反抗之於心理空間的翻新下，這個苦楚不一定以折磨的方式衝擊我們；相對的，這代表我們必然要有所行動，才能閃躲原本的負面效力，甚至把它轉化至某種昇華物！至於在現實環境裡，無論是生活或政治的壓抑與迫害，朝主體而來之際，反抗便代表我們要有某種能力一再重新的中和或消除它的效力。有些人說這是「如水」（be water）的改變與適應能力，亦可能是一種賦予意義來轉化迫害之於心靈的能力，但目的都只有一個，即我們不被他人推離開自己的軌道，藉由心理或生理的行動，縱使搖曳不安，我們仍繼續走在自己腳下的路上。

現在在我心中的圖像是這樣的：整合必然是一次反抗，反抗打開朝向整合的路，但「反——抗」也是一種「反轉——對抗」，即我們不再拚死保住失落的對象，我們讓心中的執著隨四季而流逝，一如飛行員目送小王子的「回家」，我們也回到自己的天堂、愛情、歌聲裡。如此，「反抗」亦是一次「馴服」，對失去的哀悼與順服。原來不放手，就沒有整合——多大的精神分析式惡作劇啊！

縱使小王子常被一些社會化得無以復加的成人誤解，但他仍然反抗著內心的少年孤寂，及外在的人心孤冷，最終一步步藉由朋友與馴服孤寂，他恢復（復——得）、修復（再——配對）、替代（重新——安放）心中的玫瑰；飛行員再連結上代表童真的小王子，重聚而歡欣；最終，聖修伯里順服於小王子和飛行員的結局。他們皆已成為地球上與那片星空下的，永恆少年。

出發找最愛的永恆少年

已經從沙漠回來的飛行員，或說一位已跟「孤獨我」重新寓居的治療師，邀請那些住在各自行星上的孤獨人類出發到沙漠，好遇上內心的小王子。對還未出發的人而言，小王子就像是離家出走的受傷少年，他出發找心中的最愛，卻不知何日歸來，因此他才說：「拜託，不要讓我一直這麼悲傷，請趕快寫信告訴我——小王子回來了」。這封信其實是寫給我們自己的——當然，我和許多心理工作者，都會因為收到個案已找到他的小王子的「來信」而比他更喜悅——因為少年就是你，是你要找回他所代表的屬己意義。

孤寂的少年啊！要是你像黃偉文所填詞的〈家明〉裡的少年般出發去找心中的最愛，至今還未回來，甚至沒有人為你記下途中的細節，也沒有人理解你為何執著放不開，旁人只知道你在一次次的跌倒中，繼續靠信念，在野外模糊地盼待什麼禮物……在荒蕪的孤獨裡，我希望你不要就此放棄，也同時邀請你去等待你的小王子出現：

誰若碰到這個他　還望可將那美意帶回家
誰若碰到這個他　能為他了了這小心願嗎

至於大人及老人們！即使您不理解少年的堅持，甚至已遺忘掉那就在您之內的少年，您無法協助他，也聽不懂他上訴的聲音，我也願您任由他，騎著世上最終一隻白馬：

無論你是愛他不愛他　還是可將那勇氣帶回家

在時代的巨輪下，沒有人知道反抗與堅持的，最終會否只成為曾踏在黃沙上卻早被風吹過的足跡，亦不知道那份從來沒有被找到的寶藏，在沉沒中還會否發亮。然而，就像歌詞最後所唱的那樣：

他出發找最愛　今天也未回來
留低哪種意義　就看世間怎記載

少年也許不會再回到世上，但他的意義是由我們來記載的！今天，我試圖反抗亦移置許多前人對《小王子》的詮釋，只願因著收納那份出發找最愛的美意與勇氣，你也能為成為騎著世上最終一隻白馬的少年。世人將會仰望你在天際上閃耀著光亮，一如我和飛行員對身處星空中小王子的笑聲與音樂的回憶，如此悲傷的美麗！然後，轉身記載屬於孤獨與反抗的時代意義。

克莉斯蒂娃在闡述精神分析的核心精神時，她把重點放在心理機器的開放性與靈活性，即我們必須保有「反抗的天賦」（**an aptitude for revolt**）。讓人驚訝地，她提及永恆少年與反抗的關係（Kristeva, 1996:51）：

「這也許聽起來奇怪，因為我們知道『永恆少年』（**the eternal adolescent**）是不成熟與變幻無常地脆弱，從憂鬱到歇斯底里，從迷戀癡情到失望落寞。可是，永恆少年也意指心靈機器的柔韌性，一種根據環境與他人而調整自身的適應力，如同對其的反抗一樣。」

原來在無常的孤寂與脆弱中，在深情的冀望與失望裡，心靈已在等待麥田成熟來收割，收割至誠的生存與反抗天賦。只望我已經把所體會到的「孤獨」與「反抗」，盡所能的言傳。最後，在被世界遺落卻身處同一片星空的音樂下，我唯獨想跟你說一聲：「願你，永恆少年！」

【願你，永恆少年】參考文獻

Akhtar, S. (2009). Comprehensive dictionary of psychoanalysis. Karnac.

Bion, W. R. (1963). Elements of psycho-analysis. In C. Mawson (Ed.), The complete works of W. R. Bion (Vol. 5). Karnac.

Bion, W. R. (1965). Transformation: Change from learning to growth. Tavistock.

Bion, W. R. (1975). Clinical seminars: Brasilia. In C. Mawson (Ed.), The complete works of W. R. Bion (Vol. 8). Karnac.

Bion, W. R. (1976). Penetrating silence. In C. Mawson (Ed.), The complete works of W. R. Bion (Vol. 15). Karnac.

Blatt, S. J., & Shichman, S. (1983). Two primary configurations of psychopathology. Psychoanalysis and Contemporary Thought, 6, 187-254.

Boris, H. (1976). On hope: Its nature and psychotherapy. The International Review of Psycho-analysis, 3, 139-150.

Brenner, C. (1974). On the nature and development of affects: A unified theory. The Psychoanalytic Quarterly, 43(4), 532-556.

Brenner, C. (1982). The mind in conflict. International Universities Press.

Burger, J. M. (2011). Introduction to personality (8th). Cengage Learning.

Cohen (1982). On loneliness and the ageing process. International Journal of Psychoanalysis, 63, 149-155.

De Saint-Exupéry, A. (2014). 小王子經典珍藏版（徐麗松譯）。水滴文化。（原著出版年：二〇一三年）

Fromm-Reichmann, F. (1959). Loneliness. Psychiatry, 22, 1-15.

Greene, M. & Kaplan, B. J. (1978). Aspects of loneliness in the therapeutic situation. The International Review of Psycho-analysis, 5, 321-330.

Hillman, J. (1979［1967］). Senex and puer: An aspect of the historical and psychological present. In J. Hillman (Ed.), Puer papers (pp. 3-53). Spring.

Hillman, J., & Moore, T. (1990). The essential James Hillman: A blue fire. Routledge.

Jung, C. G. (1954［1938］). Psychological aspects of the mother archetype. In H. Read, M. Fordham & G. Adler (Eds.), The collected works of C. G. Jung (Vol. 9). Routledge.

Kernberg, O. (1975). Borderline conditions and pathological narcissism. International University Press.

Klein, M. (1963). On the sense of loneliness. In Envy and gratitude and other works 1946-1963 (pp. 300-313). Hogarth.

Kristeva, J. (1992). Black sun: Depression and melancholia. Columbia University Press.

Kristeva, J. (1996). The sense and non-sense of revolt. Columbia University Press.

Menninger, K. (1958). Theory of psychoanalytic technique. Basic books.

Milton, J. (2018). From the Melanie Klein archive: Klein’ s further thoughts on loneliness. The International Journal of Psychoanalysis, 99(4), 929-946.

Quinodoz, J. M. (1993). The taming of solitude: Separation anxiety in psychoanalysis. Taylor & Francis Routledge.

Reik, T. (1960). Sex in man and woman: Its emotional variations. Noonday.

Richards, A. K., Spira, L., & Lynch, A. A. (Eds.) (2013). Encounters with loneliness: Only the lonely. IPBooks.

Von Franz, M. L. (2018). 永恆少年：以榮格觀點探討拒絕長大（徐碧貞譯）。心靈工坊。（原著出版年：一九七〇年）

Winnicott, D. W. (1965［1950］). Some thoughts on the meaning of the word democracy. In The family and individual development (pp. 228-250). Routledge.

願你，永恆少年

作　者──哈理斯 Harris（蘇俊濠）
主　編──王衣卉
行　銷──謝儀方
企劃主任──王綾翊
內頁排版──唯翔工作室

第五編輯部總監──梁芳春
董 事 長──趙政岷
出 版 者──時報文化出版企業股份有限公司
108019台北市和平西路三段二四〇號
發行專線─（〇二）二三〇六六八四二
讀者服務專線─〇八〇〇二三一七〇五
（〇二）二三〇四七一〇三
讀者服務傳真─（〇二）二三〇四六八五八
郵撥─一九三四四七二四時報文化出版公司
信箱─一九三四四七二四臺北華江橋郵局第九十九信箱

時報悅讀網──http://www.readingtimes.com.tw
電子郵件信箱──yoho@readingtimes.com.tw
法律顧問──理律法律事務所　陳長文律師、李念祖律師
印　刷──勁達印刷有限公司
初版一刷──二〇二三年八月十一日
定　價──新台幣四五〇元

時報文化出版公司成立於一九七五年，
並於一九九九年股票上櫃公開發行，
於二〇〇八年脫離中時集團非屬旺中，
以「尊重智慧與創意的文化事業」為信念。

願你，永恆少年／哈理斯 Harris（蘇俊濠）著. -- 初版. -- 臺北市：時報文化出版企業股份有限公司, 2023.08
352面；14.8×21公分

ISBN　978-626-335-628-3（平裝）

1.CST：精神分析　2.CST：心理諮商

175.7　　111009310

ISBN　978-626-335-628-3
Printed in Taiwan